AF565176

SOFIA MAY

DER POSITIVISMUS COACH

WIE SIE AB SOFORT DIE FESSELN NEGATIVER MUSTER ABSCHÜTTELN UND ENDLICH SELBST KONTROLLE ÜBER EMOTIONEN UND DENKEN ÜBERNEHMEN

(INKL. ÜBUNGEN UND WORKBOOK FÜR POSITIVES DENKEN)

INHALT

Ziel des Buches

DAMIT KÖNNEN SIE IN DIESEM BUCH RECHNEN

Eine glückliche Beziehung zu sich selbst wünschen sich die meisten, aber bei vielen klappt es nicht immer. Abgesehen davon, dass das Leben sowieso einen stetigen Wandel mit sich bringt und die Beziehung zu uns selbst auf natürliche Weise schwankt, gelingt es manchen Menschen eher als anderen. Woran liegt dies? Dieses Buch dient dazu, etwas mehr über sich und die eigenen Gedanken zu lernen. Vielen ist es bewusst, was es für ein glückliches Leben bedarf und trotzdem bleiben sie unzufrieden. Bei anderen zerbricht die Beziehung zu sich selbst, sobald sie einen Partner finden. Und wieder andere fühlen sich häufig einsam und alleine, wenn sie Zeit mit sich selbst verbringen.

Was läuft da falsch? Sich einer dieser Formen bewusst zu werden, ist das erste Puzzlestück für Veränderung. Viele von Ihnen werden von dem Begriff Veränderung abgeschreckt sein und ihn auch möglicherweise mit etwas Negativem verbinden. Genau hier soll das Buch ansetzen. Viele haben Angst vor Veränderungen oder haben oftmals negative Erfahrungen damit gesammelt. Mithilfe dieses Buches soll diese Angst genommen werden. Schritt für Schritt erklärt dieses Buch, welche Motive hinter einem glücklichen Leben stecken. Der Weg bedeutet zwar, sich mit sich selbst auseinanderzusetzen, was nicht immer schmerzfrei ist, dennoch führt dieser Weg der Reflexion und Kausalanalyse zum Ziel. Jede Veränderung heißt, dass man an sich arbeiten muss, aber dies muss nicht bedeuten, dass sie als positiv oder negativ begriffen werden muss. Danke, dass dieses Buch Ihnen dabei helfen darf. Das große Ziel: Den negativen Gedanken tschüss sagen oder einen neuen Umgang mit ihnen kennenlernen und dadurch gesünder – sei es mental oder physisch – durchs Leben zu gehen. Her mit der Positivität!

Dieses Buch wendet sich also primär an die Personen, die sich oft dabei erwischen, negative Gedanken in sich zu tragen oder einfach mehr Positivität in ihrem Leben erfahren möchten. Es kann aber auch für Menschen interessant sein, deren Umfeld vielleicht von viel Negativität geprägt ist und sie sich Raum für positive Gedanken schaffen möchten. Die Eltern, die eigenen Kinder, Arbeitskollegen, die beste Freundin, die Nachbarin ... so viel steht fest: Besonders in der westlichen Welt haben viele Menschen das Problem, trotz Befriedigung aller Grundbedürfnisse wie Schlaf, Essen oder Wasser, Glück zu erleben.

Viele fühlen sich mit ihren negativen Gedanken alleine. Dabei sollte die mentale Gesundheit genauso priorisiert werden wie die körperliche. Lassen Sie es zu, sich dazu zu bekennen. Es ist in Ordnung, festzustellen, dass an einigen Tagen eher die negativen Gedanken überwiegen. Das Wichtigste ist, dass diese Erkenntnis viel ins Rollen bringen kann. Sie kann Sie neu definieren und Sie können Ihre Gedanken wieder in Balance bringen. Dafür sollten Sie zunächst einmal den gegenwärtigen Zustand wahrnehmen. Wer bin ich momentan? Was stört mich derzeit an meinem psychischen Wohlbefinden? Was möchte ich in Zukunft erreichen, um diesen Zustand zu verbessern?

HINTERGRUND

Dieses Buch basiert auf empirischen Beobachtungen und Forschungsergebnissen aus der Psychologie und der Medizin. Vor diesem Hintergrund ist es trotzdem wichtig zu erwähnen, dass es kein Richtig oder Falsch gibt. Gefühle können nicht objektiv bewertet werden, jeder darf und soll seine Gefühle so einordnen, wie er sich gut fühlt. Während ein Gedanke für den einen positiv sein kann, kann er für den anderen unvorstellbar sein. Auch dies ist vollkommen legitim.

Das Wichtigste ist, dass Sie ehrlich mit sich selbst sind und auch auf Ihre selbst erworbenen Erfahrungen und Wahrnehmungen vertrauen. Es geht auch nicht darum, von heute auf morgen alles zu verändern. Es geht darum, mit kleinen Schritten zu beginnen, diese zu reflektieren und jeden kleinen Prozess wahrzunehmen und wertzuschätzen. Es bedarf viel Arbeit und Konfrontation mit sich selbst. Nehmen Sie sich die Zeit und haben Sie Geduld mit sich. Schenken Sie sich selbst Vertrauen und versuchen Sie, den Weg zu gehen. Allerdings ist hier darauf hinzuweisen, dass dieses Buch nicht für Menschen geeignet ist, die sich in einem starken psychischen Ungleichgewicht befinden oder bei denen bereits eine psychiatrische Diagnose festgestellt wurde. In diesem Fall sollten Sie sich professionelle Hilfe suchen, z. B. einen Psychotherapeuten oder Psychiater.

Kapitel 1: Wohlbefinden

WAS KANN ICH MIR DARUNTER VORSTELLEN?

Wohlbefinden bezeichnet im Allgemeinen das Empfinden von positiven Emotionen, eine Zufriedenheit, positives Befinden, körperliche Fitness, Gesundheit, Entspannung, Stressfreiheit und Schönheit. Ob jemand ein gutes oder schlechtes Wohlbefinden hat, hängt ganz von der subjektiven Bewertung ab. Wie werden die eigenen Lebensumstände bewertet? Werden sie eher mit positiven Gedanken und Gefühlen konnotiert, resultiert ein positives Wohlbefinden. So kann ein positives Wohlbefinden wiederum die eigene Gesundheit positiv beeinflussen. Aber auch die *kognitive Leistungsfähigkeit* ist stark mit einem positiven Wohlbefinden korreliert. Studien zeigten, dass Kinder, die sich seelisch gut fühlen, schneller lernen, mutiger sind und achtsamer mit ihren Mitschülern umgehen. Wohlbefinden ist eine elementare Voraussetzung für eine erfolgreiche Bewältigung des Alltags.

Die WHO unterteilt die Gesundheit eines Menschen und das damit verbundene Wohlbefinden in sechs Dimensionen:

1. Die physische: bezieht sich nur auf die körperliche Komponente
2. Die psychische: bezieht sich auf die mentale Verfassung
3. Die emotionale: bezieht sich auf die Gefühls- und Beziehungsebenen
4. Die soziale: bezieht sich auf das positive Erleben im familiären bzw. freundschaftlichen Umfeld
5. Die sexuelle: bezieht sich auf die Lustbefriedigung
6. Die spirituelle: bezieht sich auf religiöse und moralische Überzeugungen

Wohlbefinden ist somit ein komplexes Konstrukt, das in viele Bereiche unterteilt werden kann.

Man kann sich beispielsweise physisch sehr wohlfühlen, aber psychisch belastet sein. Das eine schließt das andere nicht aus. Im Folgenden werden vier Komponenten beschrieben, die zum Wohlbefinden beitragen und erlernbar sind. Die erste Komponente ist das Bewusstsein. Eine erhöhte, flexible Aufmerksamkeit für die Umgebung und die inneren Signale wie Körperempfindungen, Gedanken und Gefühle. Das Bewusstseinstraining im Rahmen von Meditationspraktiken, die in späteren Kapiteln vorgestellt werden, können das sogenannte *Meta-Bewusstsein* oder das Bewusstsein dessen, was im Kopf passiert, steigern.

Die Fähigkeit, sich davor zu bewahren, abgelenkt zu werden oder sich im Autopilot-Modus zu befinden, während tägliche Aufgaben wie Putzen oder Autofahren erledigt werden. Menschen mit einem höheren Bewusstsein haben ein gesteigertes Wohlbefinden und mehr positive Emotionen. Ablenkung, Stress und Angstzustände sind Haupthindernisfaktoren für das Bewusstsein und können die *exekutiven Funktionen* beeinträchtigen. Einige Studien zeigen, dass Ablenkung und die Auswirkungen von wahrgenommenem Stress unsere Gesundheit schädigen und Stressreaktionen im Körper im Zusammenhang mit Entzündungen und Alterung hervorrufen können.

Die zweite Komponente umfasst die Verbindung zu anderen Menschen, sowie ein Gefühl der Fürsorge und Verwandtschaft ihnen gegenüber. Dieses fördert unterstützende Beziehungen und unterstützende Interaktionen. Dies impliziert, dass Unterschiede von Menschen (wie Politik oder Standpunkte) akzeptiert werden und versucht wird, die einzigartige Perspektive einer anderen Person zu verstehen und anzuerkennen, dass sie Würde und Respekt als Mitmensch verdient. Aber auch das Schenken von Wertschätzung, indem das Leben anderer anerkannt und Dankbarkeit gegenüber anderen Personen geteilt wird. Soziale Beziehungen sind bessere *Prädiktoren* für Gesundheit als einige biologische und ökonomische

Faktoren. Wenn wir Rückschlüsse auf jemanden ziehen, den wir als uns selbst ähnlich empfinden, wird der ventromediale präfrontale Kortex aktiviert, der für die Wahrnehmung sozialer Sicherheit und Gefühle der sozialen Verbindung von zentraler Bedeutung ist. Eine Studie des Zentrums zeigte, dass nur 30 Minuten Mitgefühlsmeditationstraining pro Tag und über einen Zeitraum von zwei Wochen zu Veränderungen im Fürsorgeverhalten der Menschen sowie zu messbaren Veränderungen im Gehirn führten.

Die dritte Komponente stellt die Einsicht dar. Es ist die Selbsterkenntnis darüber, wie unsere Emotionen, Gedanken und Überzeugungen unsere Erfahrungen und unser Selbstgefühl prägen. Das kann beispielsweise das Erkennen eines ängstlichen Gedankens und das Nachforschen sein, ob er von einer ängstlichen Erwartung oder Selbstkritik kommt. Starre und negative Selbstüberzeugungen können zu einer Zunahme psychischer Störungen führen, während akzeptierende und wachstumsorientierte Überzeugungen über das *Selbst* mit einem geringeren Maß an Depressionen und Angstzuständen und sogar Dingen wie verbesserten Leistungen verbunden sind. Wissenschaftliche Studien über das *Selbst* legen nahe, dass es kein einziges einheitliches Netzwerk zu geben scheint, das mit Einsichten im Gehirn verbunden ist. Bei Meditierenden, die über die Jahre einsichtsbezogene dekonstruktive Meditation durchgeführt haben, scheinen sich dauerhafte Veränderungen in der selbstbezogenen Verarbeitung im Gehirn zu zeigen.

Die vierte Komponente Entschlossenheit beschreibt die Fähigkeit, sich über die eigenen Grundwerte und der Motivation im Klaren zu sein und diese im täglichen Leben anwenden zu können. Entschlossene Menschen sind in der Lage, alltägliche Aktivitäten mit einem sinnvollen Wert oder einer sinnvollen Motivation zu verbinden, wie z. B. das Abwaschen als Akt der Großzügigkeit für die Menschen, mit denen sie zusammenleben. Herausforderungen und Rückschläge werden als Gelegenheiten zum Lernen und Wachsen betrachtet, einschließlich der Stärkung der Verbindung zu bedeutungsvollen Werten und Zielen. Ein starkes Zielbewusstsein ist mit verbesserten gesundheitlichen Ergebnissen und Verhaltensweisen, einschließlich erhöhter körperlicher Aktivität, verringertem Risiko von Schlaganfällen, weniger Herzproblemen, verringertem Sterberisiko und geringerer Inanspruchnahme der Gesundheitsversorgung verbunden. In einer Stichprobe bei Afroamerikanern mit hohem Risiko für psychiatrische Störungen erwies sich der Sinn im Leben als Schlüsselfaktor für die Vorhersage von *Resilienz* und Genesung von traumatischen Ereignissen.

Nachfolgend ist eine Tabelle mit verschiedenen Lebensbereichen abgebildet. Diese Tabelle dient als Einstieg, sich mit Ihrem momentanen Leben auseinanderzusetzen. Geben Sie an, wie zufrieden Sie mit dem jeweiligen Lebensbereich aktuell sind. 0 = unzufrieden; 1 = zufrieden; 2 = sehr zufrieden.

In meinem Freundeskreis	
In meiner Partnerschaft	
In meiner Sexualität	
In meinem familiären Umfeld	
In meinem Körper	
Körperliche Gesundheit	
Psychische Gesundheit	
In meiner Umgebung	
In meiner Wohnung	
Die Zeit in der Natur	
Bei der Arbeit	
Bildung	
Passion/Interessen	
Energielevel	
Spiritualität	

Anschließend können Sie in die folgende Torte die Lebensbereiche einbauen, die Sie am meisten Zeit kosten. Richten Sie Ihren Fokus auf die vier größten. Wie viel Prozent nimmt der jeweilige Lebensbereich ein? Die Summe der Lebensbereiche sollte 100 % ergeben.

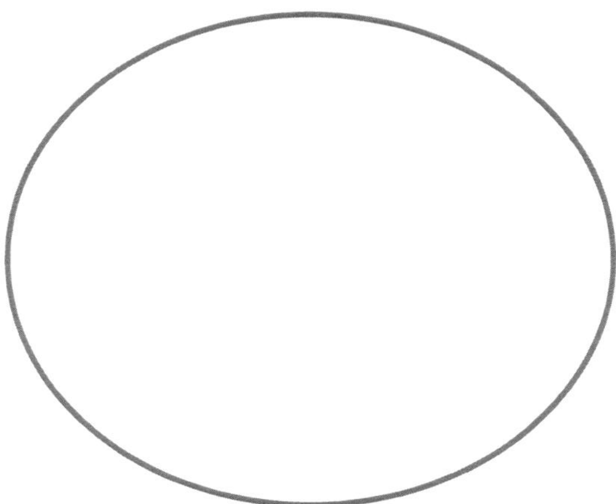

Nun können Sie das Gleiche noch einmal machen. Allerdings soll nun eine Wunschtorte kreiert werden. Wie stellen Sie sich eine perfekte Torte vor? In welche Lebensbereiche würden Sie gerne mehr Zeit und Mühe investieren? Seien Sie ganz losgelöst.

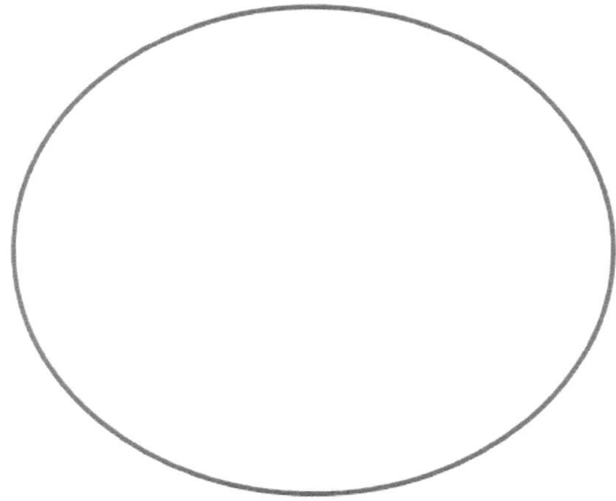

Nach dem amerikanischen Psychologen Diener kann sich Wohlbefinden in zwei Komponenten unterteilen lassen: in das emotionale subjektive und das kognitive subjektive Wohlbefinden. Das emotionale Wohlbefinden kann man als den Quotienten von positiven und negativen Gefühlen beschreiben. Überwiegen die positiven Gefühle und Gedanken, steigt das Wohlbefinden eines Individuums.

Die kognitive Komponente bezieht sich auf den Grad der Lebenszufriedenheit, die eng mit den Lebensbedingungen verknüpft ist. Wohlbefinden kann sich zwar im Laufe des Lebens verändern, dennoch können Persönlichkeitsmerkmale prädiktiv sein. So ist die Wahrscheinlichkeit höher, dass extravertierte und optimistische Menschen dazu tendieren, ein höheres Wohlbefinden zu haben. Aber nicht nur die Persönlichkeit, sondern auch das Land, in dem man lebt, beeinflusst das subjektive Wohlbefinden. Dänen und Schweizer sind die glücklichsten Völker in Europa. Deutschland befindet sich hingegen im Mittelfeld. Gründe dafür sind – nach sozialwissenschaftlichen Studien – die finanzielle Lage, Stabilität und das Ausmaß an Demokratie eines Landes. Es besteht jedoch kein *kausaler Zusammenhang* zwischen Wohlhabenheit und Glück.

Wohlbefinden integriert psychische und körperliche Gesundheit, was ganzheitlich gesehen zur Krankheitsprävention und Gesundheitsförderung führt. Es kann Aussagen über die *Morbidität*, die *Mortalität* und den wirtschaftlichen Status einer Bevölkerung treffen. Wohlbefinden ist somit ein Konstrukt, das für die Öffentlichkeit von Bedeutung ist.

Ergebnisse aus *experimentellen*, *Querschnitt-* und *Längsschnittstudien* zeigen, dass Wohlbefinden mit selbst wahrgenommener hoher Gesundheit, Langlebigkeit, gesundem Verhalten, geistiger und körperlicher Krankheitsprävention, sozialer Verbundenheit und Produktivität korreliert. So ist Wohlbefinden mit zahlreichen gesundheitlichen, beruflichen, familiären und wirtschaftlichen Vorteilen verbunden. Beispielsweise ist ein höheres Wohlbefinden mit einem geringeren Krankheits- und Verletzungsrisiko verbunden. Zudem steht Wohlbefinden im Zusammenhang mit einer besseren Immunfunktion, schnellerer Genesung und längerer Lebenserwartung. Personen mit hohem Wohlbefinden sind produktiver am Arbeitsplatz und leisten eher einen Beitrag zu ihrer Gemeinschaft. Forschung zeigt, dass positive Emotionen – zentrale Komponenten von Wohlbefinden – nicht nur das Gegenteil von negativen Emotionen sind, sondern unabhängige Dimensionen der psychischen Gesundheit darstellen, die gefördert werden können und sollten.

Obwohl ein erheblicher Einfluss von Wohlbefinden in der Vererbung liegt, spielen *Umweltfaktoren* eine ebensolche, wenn nicht sogar wichtigere Rolle. Gesund zu sein, bedeutet nicht nur, nicht erkrankt zu sein, sondern ist viel umfangreicher. Es ist eine Ressource, die es den Menschen ermöglicht, ihre Wünsche zu verwirklichen, ihre Bedürfnisse zu befriedigen und an die Umwelt zu adaptieren, um ein langes, produktives und fruchtbares Leben zu führen. In diesem Sinne ermöglicht Gesundheit soziale, wirtschaftliche und persönliche Entwicklung, die für das Wohlergehen von grundlegender Bedeutung sind.

Förderung der Gesundheit ist ein Prozess, der es den Menschen ermöglicht, die Kontrolle über ihre Gesundheit zu erhöhen und sie zu verbessern. Zu den ökologischen und sozialen Ressourcen von Gesundheit gehören Frieden, wirtschaftliche Sicherheit, ein stabiles Ökosystem und sicheres Wohnen. Während Wohlbefinden durch körperliche Aktivität, gesunde Ernährung, soziale Bindungen, Belastbarkeit, positive Emotionen und Autonomie gefördert werden kann. Maßnahmen zur Gesundheitsförderung, die auf die Stärkung dieser individuellen, ökologischen und sozialen Ressourcen abzielen, können letztendlich das Wohlbefinden verbessern.

Männer oder Frauen im Alter zwischen 20 und 39 Jahren weisen ein signifikant besseres Wohlbefinden auf im Vergleich zu Männern oder Frauen ab 40 Jahren. Daten zeigten auch, dass berufstätige Frauen ein höheres Wohlbefinden hatten und weniger Hilfe zur Bewältigung persönlicher und psychischer Gesundheitsprobleme in Anspruch nahmen als Frauen, die nicht arbeiteten. Basierend auf den Daten von einer amerikanischen Studie im Jahre 2008 fühlten sich 11 % der Erwachsenen in den letzten 30 Tagen ständig fröhlich, 15 % der Erwachsenen fühlten sich in den letzten 30 Tagen ruhig und friedlich, 13 % der Erwachsenen fühlten sich in den letzten 30 Tagen lebensfroh, 9,8 % der Erwachsenen stimmten stark zu, dass ihr Leben ihrem Ideal nahekommt, 19 % der Erwachsenen stimmten stark zu, dass sie mit ihrem Leben zufrieden sind, 21 % der Erwachsenen stimmten stark zu, dass ihr Leben einen klaren Sinn hat und 30 % der Erwachsenen stimmten voll und ganz zu, dass sie an den meisten Tagen ein Erfolgserlebnis bei ihrer Tätigkeit verspüren.

Noch einmal: Es gibt keine alleinige Determinante für das individuelle Wohlergehen, aber im Allgemeinen hängt das Wohlergehen von einer guten Gesundheit, positiven sozialen Beziehungen, der Verfügbarkeit und dem Zugang zu grundlegenden Ressourcen (z. B. Unterkunft, Einkommen) ab. Zahlreiche Studien haben die Zusammenhänge zwischen den Faktoren von individuellem und nationalem Wohlbefinden untersucht. Viele dieser Studien haben unterschiedliche Maße des Wohlbefindens (z. B. Lebenszufriedenheit, positive Emotionen, psychisches Wohlbefinden) und unterschiedliche Methoden verwendet. Im Allgemeinen hängt die Lebenszufriedenheit stärker von der Erfüllung der Grundbedürfnisse (Nahrung, Unterkunft, Einkommen) sowie dem Zugang zu modernen Annehmlichkeiten (z. B. Strom) ab. Angenehme Emotionen sind enger mit unterstützenden Beziehungen verbunden.

Auf individueller Ebene hängen genetische Faktoren, Persönlichkeit und demografische Faktoren mit dem Wohlbefinden zusammen. Positive Emotionen sind beispielsweise bis zu einem gewissen Grad vererbbar. Die genetische Ausprägung wird oft von Umweltfaktoren beeinflusst, die implizieren, dass Umstände und soziale Bedingungen von Bedeutung sind. *Längsschnittstudien* haben ergeben, dass Wohlbefinden stark auf Lebensereignisse (z. B. Arbeitslosigkeit, Heirat) reagiert. Einige Persönlichkeitsfaktoren, die stark mit Wohlbefinden verknüpft sind, sind *Optimismus, Extrovertiertheit* und *Selbstwertgefühl.* Sowohl Genetik als auch

Persönlichkeitsfaktoren interagieren und können das Wohlbefinden eines jeden stark beeinflussen. Ebenso stehen Alter und Geschlecht mit dem Wohlbefinden in Zusammenhang. Im Allgemeinen haben beide Geschlechter ein ähnliches Wohlbefinden, aber dieses Muster ändert sich mit dem Alter und hat sich über die Generationen verändert. Jüngere und ältere Erwachsene neigen dazu, mehr Wohlbefinden im Vergleich zu Erwachsenen mittleren Alters zu haben.

Kapitel 2: Selbstliebe

Selbstliebe ist Grundvoraussetzung für Wohlbefinden und der damit verbundenen positiven Denkstruktur. Sie haben mit Sicherheit schon viel von Selbstliebe gehört. Besonders dann, wenn Sie Liebeskummer erfahren haben, werden Sie bemerkt haben, dass Selbstliebe essenziell ist, um sich selbst nicht zu verlieren. Sie ist Priorität. Wie funktioniert Selbstliebe? Was bedeutet es überhaupt, sich selbst zu lieben? Wie geht das? Was brauche ich dafür?

Wenn es um dein Glück und deinen Selbstwert geht, dann verlasse dich nicht auf andere. Nur du bist dafür verantwortlich. Wenn du dich nicht selbst lieben und respektieren kannst, wird das auch niemand anders können.

-Stacey Charter-

Es ist kein Konstrukt, das man von jetzt auf gleich erlernt. Vielmehr wird dafür Zeit benötigt. Bestenfalls wird Selbstliebe bereits in den ersten Lebensjahren erlernt. Fühlen wir uns sicher gebunden, fällt es uns auch später leichter, sich selbst zu lieben und mit sich selbst achtsam zu sein. So kann man sagen, dass die Bindung zu den eigenen Eltern oder einer anderen Bezugsperson den Grundbaustein dafür darstellt, dass wir uns selbst lieben können. Denn erweist sich eine Bezugsperson als sicher, entsteht bei Kindern ein Urvertrauen.

Das Urvertrauen bezieht sich nicht nur auf zwischenmenschliche Beziehungen, sondern auch auf die zu sich selbst. Diese Personen zeigen uns, dass wir liebenswert sind, so wie wir eben sind. Niemand ist wie Sie und niemand kann Sie ersetzen. Häufig glaubt man, dass man nur durch zwischenmenschliche Beziehung überleben kann. Doch horchen Sie in sich selbst hinein. Die Person, die Ihnen am meisten gibt, sind schließlich Sie selbst. Ihre Mitmenschen dienen lediglich zur Inspiration oder zur Bereicherung, aber nicht zur Vollkommenheit Ihres einzigartigen Wesens. Ferner sollte Ihnen bewusst sein, dass keine äußeren Faktoren Sie vollkommen machen. Das Einzige, was Sie vollkommen macht, sind Sie selbst. Anzeichen für geringe Selbstliebe zeigen sich in vielen unterschiedlichen Lebensbereichen. Im Folgenden sind einige Merkmale einer geringen Selbstliebe zusammengefasst:

1. Es fällt Ihnen schwer, Entscheidungen zu treffen. Häufig versuchen Sie, sich anderen Personen anzupassen und können demnach nicht in sich hineinspüren, was Sie selbst gerade brauchen und wollen.
2. Es fällt Ihnen schwer, Kritik anzunehmen. Sie sind gekränkt und nehmen es sehr persönlich, auch wenn es sich um konstruktive Kritik, beispielsweise im beruflichen Alltag, handelt. Sie müssen nicht perfekt sein, um von anderen gemocht oder geliebt zu werden.
3. Es fällt Ihnen schwer, Ihre eigenen Fähigkeiten zu schätzen. Sie zweifeln an sich selbst.
4. Es fällt Ihnen schwer, Grenzen zu setzen. Was möchte ich gerade eigentlich selbst und was verlangen andere von mir? Es kommt für Sie nur selten infrage, „Nein“ zu sagen.
5. Es fällt Ihnen schwer, Ihre eigenen Bedürfnisse zu äußern. Sie haben Angst, die andere Person zu enttäuschen.
6. Es fällt Ihnen schwer, andere zu fragen, ob sie Ihnen eine Hand reichen. Sie entschuldigen sich häufig und haben Angst, eine Last für das Gegenüber zu sein. Generell gibt es Dinge, für die Sie sich nicht entschuldigen müssen. Sie müssen sich nicht für eigene Erfolge, die eigenen Grenzen, Ihre Träume, Ihren Körper, eine Krankheit oder Gefühle entschuldigen.

Setzen Sie sich bewusst mit Situationen auseinander, in denen Sie gespürt haben, dass dafür nur Sie selbst benötigt werden. Wann waren Sie das letzte

Mal alleine und konnten sich viel Liebe schenken? Das können zum Beispiel Momente sein, in denen Sie sich selbst trösten konnten. Machen Sie sich außerdem bewusst, was Sie alles schon im Leben geschafft haben, rufen Sie sich Ereignisse in Erinnerung, die Sie stärker gemacht haben. Diese müssen nicht immer positive Erlebnisse sein. Auch Negatives wird Sie geprägt haben. In den Momenten, in denen wir bemerken, dass wir fähig sind, Situationen zu meistern, stärken wir unsere *Selbstwirksamkeit.* Worauf sind Sie stolz? Was kann Ihnen niemand mehr nehmen? Nennen Sie auch die Misserfolge, denn auch diese haben Ihre innere Kraft gestärkt.

SELBSTWIRKSAMKEIT

Das Erleben von *Selbstwirksamkeit* ist eine Komponente von Selbstliebe. *Selbstwirksamkeit* wird als das Vertrauen eines Menschen in seine Fähigkeit, eine Vorgehensweise zur Lösung eines Problems oder zur Erfüllung einer Aufgabe zu planen und umzusetzen, definiert. Die wichtigste Funktion des Selbstwirksamkeitserlebens stellt die Beeinflussung auf Entscheidungen, Bemühungen und auf das Durchhaltevermögen dar.

Das Selbstwirksamkeitserleben hängt von seinem Ausmaß, seiner Stärke und von der Allgemeingültigkeit ab. Allgemeingültigkeit umschreibt in diesem Zusammenhang das subjektive Empfinden, inwiefern sich die Person selbst als kontrollierende Instanz in der herausfordernden Situation wahrnimmt. In der Kurzform: Inwiefern beurteilt sich die Person als fähig, eine Situation meistern zu können?

Menschen, die an eine hohe *Selbstwirksamkeit* glauben und von ihren eigenen Fähigkeiten überzeugt sind, finden eher Lösungen durch Einfallsreichtum und Durchhaltevermögen. Sie schaffen es tendenziell eher, Probleme zu lösen. Ob man sich als selbstwirksam beschreibt, hängt von der individuellen Bewertung ab. Bin ich mit dem zufrieden, was ich erreicht habe? Entspricht die erbrachte Leistung dem, was ich mir selbst als Ziel gesetzt habe?

Darüber hinaus lässt sich zwischen einer allgemeinen *Selbstwirksamkeit* und einer spezifischen *Selbstwirksamkeit* differenzieren. Während Erstere sich auf alle Lebensbereiche bezieht, gilt die spezifische Selbstwirksamkeit nur für bestimmte Bereiche. Folgende Aussage wäre ein Beispiel für den Glauben an die eigene allgemeine Selbstwirksamkeit: „Ich bin für viele Herausforderungen im Leben gewappnet", während „Ich traue mir zu, vor vielen Menschen zu sprechen", eine spezifische Form von Selbstwirksamkeit darstellt.

Die Person glaubt in bestimmten Situationen an sich selbst und kann sich der Situation stellen. Jedoch lässt sich das Selbstwirksamkeitserleben dieser Person nicht für alle Lebensbereiche generalisieren. Für eine subjektiv hoch wahrgenommene *Selbstwirksamkeit* bedarf es dreierlei Prozesse: die Analyse der Anforderungen einer Aufgabe, die bereits gewonnenen Erfahrungen und die Überprüfung des *Selbst*, um vorhandene Ressourcen oder auch Hindernisse zu erkennen. Darüber hinaus übt *Selbstwirksamkeit* auf jegliche menschliche Aktion, *Kognition*, *Affektreaktion* und die Bereitschaft, ein Ziel zu verfolgen, Einfluss aus.

An dieser Stelle sei betont, dass die Entwicklung des Selbstwirksamkeitserlebens intuitiv verläuft. Wir beginnen, unsere eigenen Handlungen zu reflektieren und zu interpretieren. Folglich wachsen unsere Überzeugungen über die eigenen Fähigkeiten in nachfolgenden Aufgaben, die den ursprünglichen ähneln und wir verhalten uns dieser Grundeinstellung entsprechend. Je größer unser eigenes Selbstwirksamkeitsempfinden ist, desto größer sind unsere Bemühungen, unser Durchhaltevermögen und unsere *Resilienz.*

Ferner beeinflusst das Selbstwirksamkeitsempfinden die Menge an Stress und Angstreaktionen, die wir spüren. Selbstbewusste Menschen mit einem hohen Selbstwirksamkeitserleben führen Aufgaben häufig mit Gelassenheit und Positivität durch. Sie sind zufriedener mit ihren erreichten Zielen. Zudem fällt es ihnen leichter, mit Misserfolgen umzugehen und sich nicht durch diese erschüttern zu lassen.

Es wird deutlich, dass Selbstwirksamkeit dazu beiträgt, positiv zu denken und positiv gestimmt zu sein. Erleben wir uns selbst als wirksam und als kontrollierende Instanz, sind wir optimistisch und lassen uns nicht von negativen Ereignissen unterkriegen. Selbstwirksamkeitserleben ist somit auch eine Form von Selbstliebe, denn wir akzeptieren uns so, wie wir sind, erkennen unsere Stärken und fokussieren uns nicht auf die eigenen Schwächen.

Menschen, die einen starken Glauben an die eigene Selbstwirksamkeit haben, können tendenziell eher erkennen, dass sie in bestimmten Situationen gegeben haben, was in ihren Händen lag. Sie verstehen, dass sie ihr Leben selbst in der Hand haben und es in einem gewissen Maße selbst kontrollieren können. Ferner sind sie davon überzeugt, in problematischen Situationen ihr Bestes gegeben zu haben und sind in der Lage, sich selbst den Rücken zu stärken.

Allgemein ist das Erlernen von Selbstwirksamkeit – wie bereits oben beschrieben – ein intuitiver Prozess. Bereits im Kleinkindalter können wir uns als selbstwirksam erleben. Es sind die kleinen Momente – wie die ersten Schritte –, die uns als kontrollierende Instanz erleben lassen. Besonders dann, wenn die eigenen Eltern genügend Raum für Autonomie geben, stärken sie unser Selbstwirksamkeitserleben. Brauchen wir immer jemanden, der uns hilft und knifflige Situationen mit uns löst, kann dies unsere eigene Selbstwirksamkeit reduzieren.

Aus diesem Grund ist es wichtig, sich immer wieder vor Augen zu führen, ob man in bestimmten Lebenssituationen wirklich die Hilfe des anderen braucht oder sie einfach nur gerne annimmt. Es ist ein Unterschied, ob Sie Hilfe *brauchen* oder es einfach leichter ist, Hilfe anzunehmen. Erinnern Sie sich an die letzte Situation, in der Sie Hilfe angenommen haben. Hätten Sie die Situation auch selbst lösen können? Wenn nein, woran wäre es gescheitert? Was bräuchte es, damit es Ihnen ohne Hilfe gelingen wird?

Alltägliche Übungen der Selbstliebe

1. Notieren Sie jeden Abend drei Ereignisse, in denen Sie sich als selbstwirksam wahrgenommen haben. Das können Situationen sein, in denen Sie jemandem geholfen haben. Den Tag in Bezug auf sich selbst zu reflektieren, erzeugt Wärme und Zuversicht. Sie werden bemerken, dass Sie selbst Einfluss üben. So wie Sie auch Einfluss auf Ihre eigenen Gedanken haben. Sie können entscheiden, ob der Tag für Sie als positiv oder negativ erlebt wird. Auch Ihr Umfeld wird dies schnell bemerken, denn wer von innen strahlt, spiegelt das auch der Außenwelt wider.

2. Wenn Sie morgens aufstehen, suchen Sie als Erstes den Spiegel auf. Stellen Sie sich selbstbewusst hin, Brust raus, Bauch rein. Schenken Sie sich ein Lächeln und schauen Sie sich für ein paar Sekunden an. Nehmen Sie sich so an, wie Sie sind. Was gefällt Ihnen an Ihrem Körper? Seien Sie liebevoll mit sich. Diese Übung ist weit entfernt von Egozentrismus, sondern ist vielmehr eine Stärkung des Selbst. Sie brauchen nicht Ihre Mitmenschen, um sich selbst Liebe zu schenken. Seien Sie sanft zu sich selbst und geben Sie sich das, was Sie brauchen.

3. Danken Sie sich selbst für Ihre Präsenz und Ihr Wesen. Dies mag zunächst komisch erscheinen, doch überlegen Sie mal, wie oft Sie sich bei anderen Menschen bedanken. Es ist also vollkommen legitim, sich selbst zu danken. Sich selbst zu danken, ist eine fundamentale Komponente von Selbstliebe. Denn Sie sind der wichtigste Mensch in Ihrem Leben. Schätzen Sie sich wert, danken Sie sich, schenken Sie sich mehr ein Lächeln für das, was Sie und Ihr Körper geleistet haben. Nur so geben Sie sich genug Achtung, Energie, Respekt und Anerkennung. Überlegen Sie sich vor dem Schlafengehen, wofür Sie heute dankbar waren. Das können der Kaffee am Morgen oder der Spaziergang am Nachmittag sein. Dankbarkeit ist der Weg zu mehr Glück, Lebensfreude und vor allem Freude an den kleinen Dingen im Leben. Denn behalten Sie im Hinterkopf: *Es sind nicht die Glücklichen, die dankbar sind, sondern die Dankbaren, die glücklich sind.*

Die obigen Übungen sind Teil von Selbstfürsorge. Es lässt uns wieder neu strahlen, steigert unser Wohlbefinden und tut unserer Seele gut. Nur wer für sich selbst sorgt, kann sich auch um Mitmenschen sorgen. Sie selbst sind Ihr sicherster Rückzugsort, wenn es zu Stress oder Unbehagen kommen sollte. Für diesen Rückzugsort sollten Sie Zeit investieren, als wäre es ein Garten voller Pflanzen. Eine Blume wächst nur, wenn Sie sie gut pflegen. Ganz genau so, wie Sie Ihren Garten pflegen, benötigen Ihre Seele und Ihr Körper diesen Balsam. Betrachten Sie die Selbstfürsorge als eine Art von „Akku aufladen" und nehmen Sie sich regelmäßig in der Woche diese Zeit alleine für sich. Diese Momente werden Ihnen die Möglichkeit geben, Gefühle, egal welcher Form, die Sie die Woche verspürt haben, zu verarbeiten. Diese Momente dienen der Reflexion.

Die größte Hürde ist für viele Menschen die Zeit. Deshalb ist es ratsam, sich einen fixen Termin in der Woche nur für sich selbst einzutragen. Tragen Sie die Verabredung mit sich in Ihren Terminkalender ein. Es müssen nicht gleich drei Stunden sein, es genügen auch vielleicht 15 Minuten am Tag. Überlegen Sie sich, in welchem Zeitfenster Kapazität wäre.

Viele Menschen machen dies in aller Frühe, wenn noch alles schläft. Manch anderer genießt die Stille am Abend oder nutzt die Mittagspause bei einem Spaziergang. Dieser Termin mit sich selbst sollte Priorität sein. Wie wichtig ist es Ihnen, Freude und Zufriedenheit zu verspüren? Es kann sein, dass Sie dadurch weniger Zeit mit Freunden verbringen. Auf die eigenen Bedürfnisse zu achten, ist Teil von Selbstliebe. Nur so wird es Ihnen gelingen, das innere Gleichgewicht zu finden und voller Positivität zu sein.

Was tut Ihnen gut? Selbstfürsorge ist vielfältig, lassen Sie Ihrer Kreativität freien Lauf. Es können entweder körperliche Aktivitäten wie Yoga, Sport oder Spaziergänge in der Natur sein. Aber auch künstlerische Beschäftigungen können ein Balsam für die Seele sein. Das können kreative Momente beim Malen, Basteln, Musizieren, Singen unter der Dusche oder Schreiben sein. Zudem lassen sich auch Entspannungstechniken gut in den

Alltag integrieren. Typische Sonntagsbeschäftigungen, wie baden zu gehen und dabei Kerzen anzumachen, können guttun. Machen Sie das, wonach Sie sich fühlen und erzwingen Sie keine Aktivität. Vielleicht ist an manchen Tagen auch der Kaffee bei strahlendem Sonnenschein im Lieblingscafé das Richtige für Sie.

Die kleinen Dinge im Leben können schon wohltuend wirken. Gehen Sie in sich und schreiben Sie Dinge auf, die Sie für sich selbst in nächster Zeit planen möchten. Wie und wann möchten Sie diese praktizieren? Präzisieren Sie Ihren Plan. Wenn Sie die Dinge durchgeführt haben, können Sie sie abhaken. Das verstärkt das Erleben von Selbstwirksamkeit. Zudem können Sie auch notieren, wie Sie sich nach Ihrer Auszeit gefühlt haben. Dies kann Ihnen dabei helfen, die Wirkung dieser Praktiken noch mehr zu realisieren.

SICH SELBST GLÜCKLICH MACHEN

Nach dem Psychologen Klaus Grawe unterliegen Menschen folgenden vier psychischen Grundbedürfnissen, die zu dem Gefühl von Glück beitragen:

1. Bindung und Zugehörigkeit: Dieses Bedürfnis wird bereits in jungen Jahren ausgebildet. Fühlen wir uns sicher in der Beziehung zu einer engen Bezugsperson, entwickeln wir ein Urvertrauen in menschliche Beziehungen.
2. Orientierung und Kontrolle: Ist die Bindung zu der Bezugsperson stabil, entwickeln wir den Drang, selbstständig zu sein. Wir möchten Dinge selbst verstehen, explorieren und eigene Entscheidungen treffen.
3. Lustgewinnung und Unlustvermeidung: Der Mensch hat den Drang, lustvolle Erfahrungen zu machen. Er möchte Aktivitäten wie Essen, Hobbys, aber auch mal dem Nichtstun nachgehen. Dinge, die ihm keine Freude bereiten, wie das Lernen für eine Prüfung, vermeidet er eher.
4. Selbstwerterhöhung und Selbstwertschutz: Grundlage dafür ist, dass

unsere Bezugsperson uns das Gefühl vermittelt hat, auf uns selbst stolz sein zu können. Sie hat unsere Leistung wertgeschätzt und gelobt. Dennoch hat sie uns auch gezeigt, dass Misserfolge mit dazugehören.

Sind unsere psychischen Bedürfnisse erfüllt, steigt unser Wohlbefinden. Positive Gefühle wie Freude, Zufriedenheit und Stolz resultieren daraus. Es bedeutet aber nicht zwangsläufig, dass wir uns nicht gut fühlen, wenn nicht alle Bedürfnisse zu 100 % gedeckt sind. Grundbedürfnisse können in schweren Lebensphasen vorübergehend frustriert werden. Es ist nur wichtig, dass sie nach einer temporären Frustration wiederhergestellt werden. Sie zeigen uns nämlich wieder auf, dass wir Schwierigkeiten bewältigen können.

Die Belohnung für Anpassung ist, dass jeder dich mag, außer du dich selbst.

-Rita Mae Brown-

Generell ist es eine Stärke, sich an Mitmenschen anzupassen. Besonders in Beziehungen ist Kompromissbereitschaft und Anpassung gefragt. Gute Beziehungen zu Mitmenschen leben davon, dass man aufeinander achtet, die Bedürfnisse des anderen wahrnimmt und bei Bedarf sich anpasst. Es ist also eine Balance, die man für sich finden muss, in welchem Maße man sich anpasst, ohne sich selbst dabei zu verlieren. Horchen Sie öfter in sich hinein. Ist es für mich in Ordnung, mich in der konkreten Situation an meine Mitmenschen anzupassen? Wo liegen meine Grenzen? Ab welchem Punkt der Anpassung habe ich das Gefühl, dass ich mich selbst verliere? Versuchen Sie nicht, es allen recht machen zu wollen. Sie dürfen auch Ihre eigenen Entscheidungen treffen, eine andere Meinung als das Gegenüber haben und auch einen anderen Weg gehen.

Individuelle Grenzen sind vielfältig und zeigen sich in verschiedenen Lebensbereichen: digitale, emotionale, zeitliche und mentale Grenzen. Die digitale Grenze bezieht sich auf Social Media und die Zeit im Internet. Eine

Möglichkeit, eine Balance in der Anwendung technischer Geräte zu finden, könnte die Nutzung der begrenzten Bildschirmzeit darstellen. Das Gleiche gilt für die zeitliche Grenze. Wie viel Zeit möchten Sie einer bestimmten Person oder Tätigkeit widmen? Die emotionale Grenze suggeriert das Achtgeben der eigenen Gefühle. Wie viele eigene Emotionen oder Emotionen anderer möchten Sie zulassen? Finden Sie Ihre eigenen Auszeiten und schützen Sie hier Ihre mentale Grenze.

Möglichkeiten, die eigenen Grenzen zu setzen, können wie folgt sein:

1. Danke für die Einladung. Leider passt es aber bei mir diese Woche nicht. Mein Terminkalender ist schon recht voll, aber ich würde dich sehr gerne sehen. Wie sieht es nächste Woche aus?
2. Ich habe dir zugehört, habe versucht, deine Gedanken nachzuvollziehen, aber ich bin anderer Meinung.
3. Mich verletzt es, dass du darüber Witze machst.
4. Ich schätze es wert, dass du nachfragst, aber ich möchte momentan nicht darüber reden.

Indem Sie Ihre eigenen Grenzen setzen, zeigen Sie dem Gegenüber, was Ihre Bedürfnisse sind und was Sie von ihm erwarten. Zudem erkennt die andere Person, dass Sie sich selbst wertschätzen und auf sich achten. Er sollte also erkennen, dass es nichts mit einem selbst zu tun hat, sondern eine Art Selbstfürsorge ist.

Haben Sie in letzter Zeit darüber nachgedacht, was Sie wirklich glücklich macht? Waren es immer Momente mit anderen Menschen oder waren es auch Erlebnisse mit sich selbst? Es kann wohltuend sein, sich Momente am Tag oder in der Woche zu nehmen, in denen Sie sich dem widmen, was Sie selbst glücklich macht. Viele Menschen berichten davon, dass sie die Zeit in der Natur erden lässt. Aber auch auf sich selbst zu achten, tut uns gut. Den eigenen Körper zu pflegen, als sei er ein Tempel: für genügend Schlaf zu sorgen, genügend Wasser zu trinken, sich gesund und vitaminreich zu ernähren und Ruhezonen einzuplanen. Manchmal hilft es, zu den banalen Dingen im Leben zurückzukehren. Die digitalen Geräte mal wegpacken und sich ein gutes Buch schnappen, kann Balsam für die Seele sein. Ständige Erreichbarkeit und Ablenkung stört uns in den Ruhepausen, die wir benötigen, um uns zu regenerieren.

SELBSTCOACHING

Sie sind bestimmt schon häufig dem Begriff des Life-Coachs begegnet. Coaching bezeichnet die Kommunikation in einem professionellen Beratungssetting. Es geht um gezielte Fragestellungen und Rückmeldungen bezüglich des eigenen Lebens als Hilfe zur Selbsthilfe. Viele Menschen suchen einen Life-Coach auf, um ihre persönliche Work-Life-Balance zu finden und ihr Zeitmanagement zu optimieren.

Es ist kein hierarchisches Verhältnis, wie beispielsweise zwischen Arzt und Patient, sondern vielmehr auf Augenhöhe. Wir können aber auch für uns selbst als Coach fungieren und benötigen nicht immer eine externe Person dafür. Die Grundkompetenzen eines Coaches beziehen sich auf die zwei folgenden Eigenschaften: Authentizität und Empathie. Wenn Sie Ihren eigenen Coach spielen möchten, beginnen Sie, sich folgende Fragen zu stellen:

1. Wie geht es Ihnen in diesem Moment?
2. Welche Herausforderungen und Probleme bewegen Sie gerade? Sind es berufliche oder zwischenmenschliche?
3. Haben Sie Ziele oder Träume, die Sie erreichen oder verwirklichen möchten? Wie sehen diese konkret aus?
4. Welche konkreten Schritte können Sie in den nächsten Tagen für die Erfüllung Ihres Traums/Ziels tun? Was bedarf es dafür?

Nehmen Sie sich einen Moment dafür und am besten notieren Sie alles. Schreiben Sie alles auf, was Ihnen in den Sinn kommt. Sich Dinge zu visualisieren, kann manchmal schon Wunder bewirken.

Im Rahmen des Selbstcoachings ist es wichtig, unsere eigenen Grenzen zu erkennen. Oft sind wir zu streng mit uns und verlieren schleichend unsere Positivität im Alltag. Daher ein Appell an Sie, mit sich selbst liebevoll umzugehen. Gestehen Sie sich ein, Fehler zu machen, Hilfe zu brauchen, sich zu verändern, Freundschaften zu beenden, Schwierigkeiten zu haben, der eigenen Person zu verzeihen, sich verloren zu fühlen. Halten Sie sich immer wieder vor Augen, dass Sie wertvoll sind, auch wenn Sie vielleicht nicht immer zugunsten anderer Mitmenschen handeln.

Beim nächsten Mal versuchen Sie, einfach die Situation genauer unter die Lupe zu nehmen. Was hat in Ihnen Stress ausgelöst? Überlegen Sie sich genau, wie es zu dieser Situation gekommen ist. Es kann wichtig sein, sich jeden kleinen Schritt vor Augen zu führen. Wie haben Sie sich in diesen Momenten gefühlt? Welche der folgenden Gefühle kamen hoch: Trauer, Ärger, Freude, Scham, Frust, Ekel, Glück, Mut, Angst oder Furcht? Wo haben Sie gefühlt? War es eher in der Bauchregion oder in der Brust? Hören Sie Ihrem Körper zu.

Oftmals gibt es Signale dafür, die zeigen, dass der Körper reagiert. Im letzten Schritt können Sie sich überlegen, was Sie verändern können, um weniger Stress zu erleben. Was brauchen Sie dafür? Manchmal ist es sinnvoll, ein Stresstagebuch zu führen. Nach mehreren Analysen der Stresssituationen können Sie betrachten, welche Übereinstimmungen Sie in den Situationen finden können. Sich mit diesen Situationen auseinanderzusetzen, kann präventiv wirken, nicht erneut so gestresst zu sein.

An der Stelle kann es zudem wichtig sein, Empathie zu erlernen. Empathie für sich selbst. Sich selbst wissen zu lassen, dass Sie sich selbst zuhören und verstehen. Es geht hier um eine Haltung und nicht um spezifische Aussagen:

1. Ich verstehe mich ...

2. Ich bin für mich da, wenn ...

3. Wenn mir das passiert wäre, wäre ich auch ...

4. Ich sehe, wie traurig mich das macht und das ist okay.

Empathie bedeutet auch, Emotionen und Einfälle zuzulassen. Es ist weniger hilfreich in den Momenten der Emotionalität, sich selbst Tipps und Ratschläge zu geben. Emotionen können nicht überwunden werden, wenn sie nicht zugelassen werden. Unterdrückte Gefühle führen vielmehr zu einem Stau in Ihrem Inneren. Zahlreiche Studien haben gezeigt, dass das Unterdrücken unerwünschter Gefühle diese verstärkt.

Je länger wir sie tragen, werden sie – genau wie ein Rucksack – immer schwerer. Der innere Schmerz wird nicht verarbeitet. Erst wenn wir uns den unangenehmen Gefühlen wie Ängsten, Schmerz oder Kränkung stellen, gelingt es uns, persönlich weiterzukommen. Sie müssen nicht immer stark sein und sich ermutigen, dass Sie es schon irgendwie schaffen. In diesen Situationen kommt es vielmehr darauf an, die eigene Emotionalität und Sensibilität zu erkennen und zu akzeptieren. Nur so sind wir für die Herausforderungen im Leben gewappnet.

Affirmationen am Tag

Du kannst alles haben, wovon du träumst, wenn du bereit bist, den Glaubenssatz aufzugeben, dass du es nicht schaffst.

-Robert Anthony-

Schon früh im Buddhismus sprach man von Affirmationen, die einen am Tag begleiten sollten. In der Achtsamkeitslehre ist auch die Rede von Mantras und in der modernen Psychologie von Glaubenssätzen. Damit sind kleine Sätze gemeint, die man zu sich selbst spricht. Unsere Gedanken sind mächtig, aber steuerbar. Füttern wir unser Gehirn mit positiven Affirmationen, werden wir auch überzeugter. Profi-Sportler nutzen ebenfalls diese Mantras, um Bestleistung erzielen zu können. Es gibt Sportler, die sich vor jedem Tennis-Match beispielsweise positive Überzeugungen laut vorsprechen. Beobachten Sie beim nächsten Mal, wenn Sie ein Spiel im Fernsehen schauen, die Performance der Sportler, bevor sie ins Spiel oder in den Wettbewerb gehen.

Versuchen Sie es doch auch mal. Folgende Affirmationen dienen zur Orientierung, aber Sie können sich auch gerne Ihre eigenen überlegen. Versuchen Sie, diese jeden Morgen nach dem Aufstehen vor dem Badezimmerspiegel zu sich selbst zu sagen. Sie können sie gedanklich ausführen oder auch laut aussprechen:

1. Ich bin wertvoll.
2. Ich bin liebenswert.
3. Ich werde von meinen Mitmenschen und mir selbst respektiert.
4. Ich schätze mich selbst wert, so wie es meine Mitmenschen tun.
5. Ich bin ehrlich zu mir selbst, so wie es andere zu mir sind.
6. Ich kann aus jeglichen Situationen lernen und als Person wachsen.
7. Jeder kann Fehler machen.
8. Auch, wenn ich mein Ziel nicht erreicht habe, ist es nicht das Ende der Welt.
9. Obwohl ich andere Erwartungen hatte, habe ich viel über mich selbst auf dem Weg dahin gelernt.
10. Ich bin genug.

Kapitel 3: Mindset

Ein Pessimist sieht die Schwierigkeit in jeder Möglichkeit. Ein Optimist sieht die Möglichkeit in jeder Schwierigkeit.

-Winston Churchill-

Gedanken üben viel Macht auf uns aus. Folgendes Beispiel dient zur Verdeutlichung, inwiefern die eigenen Gedanken uns beeinflussen.

Die Situation: Ihr Partner lässt trotz fester Verabredung auf sich warten. Sie haben sich extra beeilt, am Arbeitsplatz früher zu gehen und sich zügig fertig gemacht. Schon lange hatten Sie kein gemeinsames Date mehr. Den ganzen Tag haben Sie dem Abend entgegengefiebert.

Möglichkeit 1: Ihre Gedanken sind negativ gestimmt. Sie fragen sich, warum Ihr Partner nicht die vereinbarte Zeit einhält. „Bestimmt hat er mich vergessen. Er legt keinen Wert auf mich. Er kommt einfach zu spät und lässt mich warten." Sie fühlen sich wertlos, nicht geliebt und hinterfragen die Beziehung. Als er dann endlich erscheint, sind Sie ihm gegenüber beleidigt und sauer. Sie haben keine Lust mehr auf den Abend mit ihm. Die Enttäuschung ist nun größer als die Freude über seine Ankunft. Insgesamt ist der Abend nun gelaufen.

Möglichkeit 2: Sie versuchen, sich in Ihr Gegenüber hineinzuversetzen. Ihre Gedanken sind weiterhin positiv gestimmt und Sie freuen sich auf den Abend mit ihm. „Er hatte bestimmt einen guten Grund, warum er zu spät kommt. Es ist ihm mit Sicherheit etwas dazwischengekommen." Sie fühlen sich weiterhin wertvoll, geliebt und können seine Verspätung von Ihrer Beziehung trennen. Er hat sich verspätet, aber das hat nichts mit Ihrer eigenen Person zu tun. Als er schließlich ankommt, begrüßen Sie ihn herzlich und fragen ihn, was passiert ist. Sie gehen gemeinsam zu Ihrem Lieblingsrestaurant und genießen den Abend zu zweit.

Dieses Beispiel kann dazu anregen, sich eine vergangene ähnliche Situation zu visualisieren. Indem Sie Ihre eigenen Schwierigkeiten und Probleme erkennen, kann man genau da ansetzen und lernen, den Ursprung des Problems zu finden. Was ist das Problem? Warum ist da ein Problem? Ist es ein Problem? Welche Möglichkeiten habe ich? Ich kann einen Umgang damit finden oder eine Lösung finden. Nicht jedes Problem ist auch ein Hindernis. Nicht jedes Hindernis ist unumgänglich und nicht jedes unumgängliche Hindernis ist unlösbar.

Situationen oder Stressoren sind nicht vermeidbar. Manchmal überkommt uns das Gefühl, dass alles zu viel ist und wir die Kontrolle über das eigene Leben verlieren. Wir fühlen uns hilflos. Führen Sie sich in solchen Situationen immer wieder vor Augen, dass Sie so einiges in Ihrem Leben kontrollieren können. Sie sind in der Lage, Ihre Gedanken, Perspektive auf das Leben und Ehrlichkeit zu beeinflussen. Nur Sie selbst können kontrollieren, welche Freunde Sie auswählen, wie viel Risiko Sie im Leben eingehen möchten oder für welche Dinge Sie Zeit investieren möchten. Auch wie oft Sie sich am Tag ein Lächeln schenken oder gut zu sich selbst sind, liegt in Ihren Händen. Unser Mindset verändert sich, indem wir in die aktive Position gehen und uns von der Opferrolle verabschieden.

Nach der Psychologin Ryff, die ihre Forschungsschwerpunkte auf positives Altern, psychologisches Wohlbefinden und Resilienz setzte, existieren sechs Fähigkeiten, die das Wohlbefinden stabilisieren: *Selbstakzeptanz, positive Beziehungen zu anderen Menschen, persönliche Entwicklung, Lebenssinn, Umweltbewältigung und Autonomie.* Diese Fähigkeiten helfen uns, ein positives Mindset zu entwickeln. Menschen, die sich *selbst akzeptieren* können, haben eine positive Grundeinstellung zu sich selbst. Sie erkennen sowohl ihre Stärken als auch ihre Schwächen und integrieren sie in ihr *Selbstbild.* Misserfolge halten sie nicht davon ab, zufrieden mit ihren erreichten Zielen zu sein. Sie können sich an dem festhalten, was sie bereits erreicht haben. Sich selbst und der Zukunft blicken sie positiv und optimistisch entgegen. Die Selbstakzeptanz wird auch als Grundvoraussetzung für psychische Gesundheit und Reife verstanden. Die Fähigkeit, eine *positive Beziehung zu Mitmenschen* zu pflegen, stärkt die vertrauensvolle und warmherzige Bindung zu sich selbst, aber eben auch zu anderen. Sie sind am Wohlergehen anderer interessiert und können Nähe zu anderen herstellen, ohne dass sie darin eine Gefahr sehen. Bindung und Empathie stellen keine Hürde für sie dar. Den Kontakt zu ihren Mitmenschen genießen sie, aber sie sind sich zugleich bewusst, was ihnen selbst guttut. Sie sind kompromissbereit, können ihre eigenen Bedürfnisse ausdrücken und einen Weg finden, auf die andere Person zuzugehen, ohne sich dabei selbst zu verlieren. Ihnen fällt es nicht schwer, Hilfe anzunehmen oder anzubieten.

Erfahren Menschen die Fähigkeit der *persönlichen Entwicklung*, haben sie das Gefühl, unter ihrer eigenen Kontrolle zu handeln. Sie erkennen, dass sie sich aktiv und kontinuierlich entwickeln können. Für neue Erfahrungen und Herausforderungen öffnen sie sich und fühlen sich nicht von ihnen abgeschreckt, auch wenn es bedeutet, aus der eigenen Komfortzone zu gehen. Welche Fähigkeiten dafür benötigt und wie sie eingesetzt werden sollten, ist ihnen bewusst. Auch wenn es manchmal bedeutet, diese neu zu entwickeln oder auch Neues zu erlernen. Sie sind dazu fähig, sich selbst zu aktualisieren.

Die Fähigkeit, einen *Lebenssinn* zu sehen, implementiert, dass wir uns klare Ziele für das Leben gesetzt haben. Das Leben macht Sinn und die Pläne, die erstellt wurden, sind ebenso sinnvoll und verfolgbar. Die Lebensüberzeugungen und erworbenen Prinzipien sind bedeutungsvoll. Es muss nicht gleich bedeuten, dass diese Ziele in der Realität umsetzbar sind, aber zumindest können wir uns an ihnen festhalten. Sie ist ein Kriterium für psychische Reife und implementiert, dass wir den eigenen Lebensprozess akzeptieren.

Die fünfte Fähigkeit umfasst die *Umweltbewältigung*. Sie macht es möglich, Alltagspflichten zu bewältigen. Damit einher geht die Überzeugung, dass das, was von einem verlangt wird, zu leisten ist. Dies kann auch als Selbstwirksamkeit verstanden werden. Die eigenen Möglichkeiten und

Fähigkeiten haben sich bewährt und sind wirkungsvoll. Menschen mit dieser Fähigkeit ist es möglich, Bedingungen zu schaffen, die ihren Bedürfnissen entsprechen. Dem ist vorausgesetzt, dass sie ihre eigenen Bedürfnisse kennen.

Die letzte Fähigkeit *Autonomie* macht es möglich, sich selbst als selbstbestimmt und unabhängig wahrzunehmen. Entscheidungen können alleine getroffen werden und sozialem Ausdruck kann aus dem Weg gegangen werden. Das eigene Denken und Fühlen steht im Vordergrund und wird priorisiert. Sie sehnen sich nicht nach Bewertungen anderer Menschen, sondern orientieren sich an ihren eigenen. Verhalten und Wertevorstellungen werden nach den eigenen Maßstäben bewertet.

Mut ist nicht immer brüllend laut. Manchmal ist es die ruhige, leise Stimme am Ende des Tages, die sagt: Morgen versuche ich es wieder.

-Mary Anne Radmacher-

Es ist eine Entscheidung, positiv zu denken. Viele Menschen suchen ständig den Weg, der ihnen qualvoll vorkommt, auch wenn es leichtere gäbe. Sie können nicht anders. Der Partner nervt schon wieder und die beste Freundin meldet sich wieder mal nicht. Der Job langweilt sie und Karriere wollen sie ja sowieso nicht machen. Wehwehchen gehören zu ihrem Alltag. Heute ist es der Kopfschmerz, morgen das Knie, übermorgen der Rücken. Sie sind zu müde, um zum Sport zu gehen. Die Möhren im Supermarkt waren ausverkauft, weshalb sie heute Abend nichts kochen können.

Es musste dann die Pizza von der Imbissbude um die Ecke sein. Wie Sie bemerken, sind diese Denkmuster von externen Umständen geprägt. Menschen, die so denken, sind oft in diesem Gedankenstrom gefangen und es fällt ihnen schwer, diesen zu durchbrechen. Sie sehen sich selbst als Opfer und schwimmen im Selbstmitleid. Nur selten erkennen sie ihre passive Haltung. Doch genau so laufen sie Gefahr, die Verantwortung an andere abzugeben. Das Gefühl, dass man sein Leben nicht unter Kontrolle hat, führt zu

Unzufriedenheit. Der aktive Part entfällt und der Einfluss auf die Geschehnisse hängt von anderen Umständen ab.

Vieles, was im Leben passiert, steht tatsächlich nicht in unserer Macht. Wenn das Kind krank wird oder wir den Job verlieren, liegt es in der Tat nicht in unseren Händen. Aber es kann uns gelingen, eine Kontrolle über die eigenen Gedanken zu haben. Das Ziel ist es, ein positives Mindset zu schaffen. Es bedeutet nicht, alles zu beschönigen und durch die rosarote Brille zu betrachten. Negativität ist Teil des Lebens und ist auch fundamental. In der Akzeptanz liegt jedoch die Kraft. Es mag vielleicht einfach klingen, aber so ganz Unrecht hatte Richard Radmacher nicht. Wir müssen zulassen, dass das Leben uns vor Herausforderungen stellt. Diesen können wir offen und gelassen entgegenblicken. Sich an der Negativität aufzuhängen, blockiert unser Handeln und lässt uns stagnieren. Sie können entscheiden, ob Sie mit einem Lächeln durch die Straßen laufen oder auf den Boden schauen. So, wie Sie die Welt betrachten, so wird sie Ihnen auch begegnen.

Hier spricht man auch von der *selbst erfüllten Prophezeiung*. Dies ist ein psychologisches Phänomen, das im Kern besagt, dass wenn wir ein bestimmtes Verhalten erwarten, wir selbst dazu beitragen, dass dieses gezeigt wird. An dem Beispiel alter Menschen wird dies deutlich. Senioren, die Angst haben, auf der Straße zu stürzen, erleiden häufiger derartige Unfälle als die, die keine Angst davor haben. Ihre Denkweise ist das Ergebnis dessen, was Sie denken und fühlen.

Wir wissen, dass die Denkweise Konsequenzen auf unser Handeln, unsere Ausstrahlung und Kommunikation mit unseren Mitmenschen hat. Genau deshalb ist es so wichtig, dort anzusetzen und den ersten Schritt der Veränderung zu wagen. Stehen Sie dem Leben positiv gegenüber. Haben Sie weniger Misstrauen, stattdessen mehr Vertrauen in das Leben. Unsere Denkweise ist der Ursprung unseres positiven Erlebens. Es bedarf Übung, ein derartiges Mindset zu kreieren. Aber wer regelmäßig trainiert, erreicht die gesetzten Ziele.

EINFLUSS DER KINDHEIT

Der aktuelle Forschungsstand konstatiert, dass Lehrer, Eltern und andere Vorbilder durch ihre eigene Positivität das Erleben des Kindes immens beeinflussen. Sowohl auf physischer als auch auf emotionaler Ebene. Positive Erziehung – insbesondere Faktoren wie Herzlichkeit, Überwachung der Aktivitäten der Kinder, Anteilnahme und konsequente Erziehung – hat nicht nur positive Auswirkungen auf Kinder und Jugendliche, sondern auch auf das elterliche Verhalten, wie sie später ihre eigenen Kinder erziehen.

Wann und wie erfahren Kinder, dass es einen Zusammenhang zwischen Gedanken, Gefühlen und Erfahrungen gibt? Studien haben gezeigt, dass sich dieses Bewusstsein in der frühen Kindheit entwickelt und sich über viele Jahre weiterentwickelt. Im dritten und vierten Lebensjahr können Kinder Emotionen erkennen, die charakteristisch für bestimmte Situationen sind. Sie wissen, dass Geburtstagsfeiern mit Glück und Freude verbunden sind. Im fünften und sechsten Lebensjahr entwickeln sie ein Bewusstsein für den Zusammenhang zwischen Denken und Fühlen.

Mit sieben Jahren erkennen viele Kinder, dass Menschen dieselbe Situation unterschiedlich wahrnehmen können. In einer anderen Arbeit wurde untersucht, ob die individuellen Veränderungen zwischen dem fünften und zehnten Lebensjahr das Wissen der Kinder über die Auswirkungen des positiven Denkens beeinflussen. Weiterhin ist die Forschungsgruppe der Frage nachgegangen, ob dies wiederum die emotionale Reaktion eines Kindes auf eine Situation beeinflusst.

Neunzig Kinder wurden in drei Altersgruppen eingeteilt: fünf- und sechsjährige, sieben- und achtjährige sowie neun- und zehnjährige Kinder. Sie wurden einer von drei Bedingungen zugeteilt, einer typisch positiven Situation (ein neues Spielzeug geschenkt bekommen), einer negativen Situation (Bauchschmerzen haben) und einer neutralen Situation (in eine neue Sportgruppe gehen). In jeder Bedingung hatte ein Charakter einen positiven Gedanken, der auf das Ereignis positiv blickte, und einer hatte einen negativen Gedanken, der das Ereignis negativ betrachtete. Die Kinder sollten anschließend darüber berichten, wie die Gefühle jedes Charakters aussahen: Wie fühlt sich der Charakter gerade? Warum fühlt er sich gerade so? Sie sollten ebenfalls erklären, warum sich der eine besser oder genauso wie der andere fühlte.

Alle Kinder in den jeweiligen Altersgruppen konnten erkennen, dass positive Gedanken der Charaktere im Gegensatz zu negativen Gedanken unterschiedliche Emotionen evozieren, obwohl beide der objektiv gleichen Situation ausgesetzt waren. Die acht- bis zehnjährigen Kinder erkannten tendenziell besser, dass das *Framing* von Ereignissen – entweder positiv oder negativ – die Gefühle und den Gemütszustand von Personen beeinflusst. Alle Kinder, unabhängig vom Alter, waren in der Lage zu erkennen, dass positives Denken nicht ausreicht, wenn Ereignisse negativ waren, damit sich die jeweilige Person gut und wohlfühlt.

Der stärkste *Prädiktor* für das Wissen von Kindern, warum positives Denken sinnvoll ist, war – neben dem Alter – nicht die optimistische Haltung des Kindes selbst, sondern auch die seiner Eltern. Die Ergebnisse zeigen, wie bedeutsam die Rolle von Eltern ist, um Kindern zu helfen, Gebrauch von positivem Denken in Herausforderungen zu machen, um das eigene Wohlbefinden steigern zu können. Die Forscher konstatieren, dass Fünfjährige bereits begonnen hatten zu verstehen und Denkstrukturen entwickelten, die ihnen bewusst machten, dass positives und negatives *Framing* die Reaktion einer Person auf eine Situation verändern kann. Werden sie dabei von ihren Eltern unterstützt, fühlen sich Kinder in stressigen Situationen auf Gefühlsebene besser, aber auch ihre körperliche Belastung durch Stress wird verringert.

Ein glückliches Kind zu sein, ist positiv mit der Funktionsfähigkeit und dem Wohlbefinden im mittleren Alter korreliert. Die Wahrscheinlichkeit von starken emotionalen Problemen sinkt, hingegen steigen die Kontakthäufigkeit zu Freunden oder Verwandten, das soziale Engagement und die Zufriedenheit mit den Leistungen im Arbeitsleben. Diese Korrelationen sind unabhängig von der sozialen Schicht der Eltern, der kindlichen Kognition und dem Bildungsstand. Soziale Faktoren haben einen viel größeren Einfluss auf das positive Denken als demografische Faktoren oder das Einkommen. Soziale Unterstützung, soziale Kontakte und das Engagement in sozialen oder gemeinschaftlichen Aktivitäten sind alle stark mit Positivität im Leben verbunden. Hingegen ist ein hohes Maß an negativer Elternschaft eine zuverlässige Vorhersage dafür, dass Jugendliche eher asozial und kriminell sind. Jungen, die diese negativen Eigenschaften in der Adoleszenz zeigten, wuchsen häufiger mit inkonsistenten und ineffektiven Eltern auf und bekamen später selbst Kinder mit negativen und herausfordernderen Verhaltensweisen.

Kinder, die mit positiven Eltern aufgewachsen sind, würden Aussagen wie „Ich kann mit meiner Familie über meine Gefühle sprechen“, „Meine Familie steht in schwierigen Zeiten hinter mir“, „Ich fühle mich durch meine Freunde unterstützt“ und „Ich fühle mich zu Hause sicher und geschützt“ bekräftigen.

Zusammengefasst erleben diese Kinder ein höheres Selbstwertgefühl, verbesserte schulische Leistungen, eine bessere Eltern-Kind-Kommunikation und weniger psychische und Verhaltensprobleme. Auf der anderen Seite neigen Kinder ohne liebevolle Eltern dazu, ein geringeres Selbstwertgefühl zu haben und sich entfremdet, feindselig, aggressiv und asozial zu fühlen. Studien zeigten, dass Erwachsene, deren Mütter streichelnde Zuneigung in der Kindheit zeigten, sich viel seltener gestresst und ängstlich fühlten als die, die dies nicht erlebten. Sie berichteten auch seltener von Feindseligkeit, belastenden sozialen Interaktionen und psychosomatischen Symptomen.

Die an dieser Studie beteiligten Forscher betonen, dass das Hormon Oxytocin für diesen Effekt zuständig sein könnte. Oxytocin ist ein Neurotransmitter im Gehirn, der dann freigesetzt wird, wenn wir Liebe und Verbindung verspüren. Es hat sich gezeigt, dass es Eltern hilft, sich mit ihren Kindern zu verbinden und ein Gefühl von Vertrauen und Unterstützung zwischen ihnen schafft. Diese Bindung hilft unserem Gehirn, Oxytocin zu produzieren und zu verwenden, wodurch ein Kind positivere Emotionen empfindet. Bedingungslose Liebe und Zuneigung von Eltern lässt das Wohlbefinden der Kinder auf Gefühlsebene steigen und macht sie weniger ängstlich. Ihr Gehirn verändert sich aufgrund der Zuneigung tatsächlich.

Auf der anderen Seite wirken sich die negativen Auswirkungen von Missbrauch in der Kindheit und mangelnde Zuneigung auf Kinder sowohl geistig als auch körperlich aus. Dies kann ein Leben lang zu verschiedenen möglichen gesundheitlichen und emotionalen Problemen führen. Elterliche Zuneigung schützt nämlich vor den schädlichen Auswirkungen von Kindheitsstress. Erwachsene, die in der Kindheit mehr Zuneigung erfahren haben, zeigen weniger Depressionen und Angstzustände im späteren Verlauf des Lebens. Insgesamt sind sie mitfühlender.

Diejenigen, die weniger Zuneigung bekommen, sind häufig später in sozialen Situationen verärgerter und sind weniger in der Lage, sich auf die Perspektiven anderer Menschen einzulassen. Besonders die Interaktionen, die mit Berührungen zwischen Mutter und Baby verbunden sind, helfen Babys, sich zu beruhigen, dass sie weniger weinen und mehr schlafen.

Es hat sich auch gezeigt, dass diese Form der Interaktion die Gehirnentwicklung fördert. Kinder, die in einer benachteiligten Umgebung wie einem Waisenhaus leben, weisen einen höheren Spiegel des Stresshormons Cortisol auf als diejenigen, die bei ihren Eltern leben. Wissenschaftler glauben, dass der Mangel an Körperkontakt in den Waisenhäusern ein wesentlicher Faktor für körperliche Veränderungen ist.

Auch beispielsweise Massagen haben den bedeutsamen Vorteil, Angstzustände bei Kindern zu verringern. Sie sind auch eine gute Möglichkeit für Eltern, sich körperlich und emotional mit ihren Kindern zu verbinden. Schon im Säuglingsalter können Eltern ihr Kind massieren, was eine starke Bindung aufbauen kann. Studien haben gezeigt, dass Kinder und Erwachsene, die Massagen erhalten, weniger Angst bezüglich akademischen

Stresses, Krankenhausaufenthalten und anderen stressigen Ereignissen haben.

Das Erleben von Positivität in der Kindheit kann nicht nur gesund sein, sondern auch für die Entwicklung der Fähigkeiten förderlich sein. Positivität kann also intelligent machen. Forscher der Stanford University untersuchten 240 Kinder zwischen sieben und zehn Jahren und fanden heraus, dass Positivität die Fähigkeit der Kinder verbesserte, mathematische Aufgaben zu lösen, und das Gedächtnis und die Fähigkeiten zur Problemlösung steigerte. Das Ganze war auch im MRT ersichtlich. Besonders die Funktionen im Hippocampus, ein Bereich im Gehirn, der für das Gedächtnis verantwortlich ist, verbesserte sich.

Eine positive Einstellung beeinflusst schließlich das Lernen und die akademische Leistung. Eine positive Einstellung kann mathematische Leistungen genauso stark wie der IQ vorhersagen. Wenn Schüler beispielsweise Mathe positiv gegenüberstanden, neigten sie dazu, mehr Interesse an Mathematik zu haben und eher zu üben, denn ein starkes Interesse und ein ausgeprägtes Selbstverständnis an Mathematik führen zu einem verbesserten Gedächtnis und zu einer effizienteren Kapazität, Probleme zu lösen. Dennoch kann eine positive Einstellung zwar Kindern die Tür zu guten Leistungen öffnen, garantiert aber nicht, dass sie dies auch umsetzen. In diesem Zusammenhang existieren noch andere Faktoren, die die Leistung beeinflussen.

Depressive Eltern

Zuvor wurde bereits beschrieben, wie wichtig das Verhalten der Eltern ist und wie sehr sich eine positive Einstellung auf das Wohlbefinden und die Positivität des Kindes auswirken. Im Folgenden wird auf das Erleben von Depressivität eingegangen. Immer mehr Eltern erkranken an Depressionen, suchen sich aber nur selten Hilfe. Dabei ist es ein allgegenwärtiges Problem, das immer mehr in der modernen Gesellschaft wächst. Depressionen sollten ernst genommen werden, denn sie beeinträchtigen die Fähigkeit von Eltern, zu arbeiten, Eltern zu werden und an der Gemeinschaft teilzunehmen. Es sind aber nicht nur die Eltern, sondern auch schwangere Frauen, Großeltern und andere Verwandte, die sich um Kinder kümmern. All diese Personen üben Einfluss auf das Verhalten und Denken des Kindes aus. Depressionen im sozialen Umfeld des Kindes prägen nicht nur die Weltwahrnehmung der Eltern, sondern auch die innere und äußere Welterfahrung eines Kindes.

In Studien wurde festgestellt, dass depressive Eltern unterschiedlich mit ihren Kindern umgehen. Dies wiederum wirkt sich auf das Erleben des Kindes aus. Depressive Mütter verwenden weniger Emotionen in ihrer Sprache und halten weniger Blickkontakt in der Kommunikation zu ihren Kindern. Eine Depression kann sich auf viele Aktivitäten mit dem Kind auswirken. Sogar eine einfache Aktivität wie das gemeinsame Malen oder Basteln kann davon betroffen sein. Ein depressiver Elternteil ist häufig nicht so lebhaft und zeigt wenig Emotionen. Es beeinflusst beispielsweise, welche Farben im Bild verwendet werden. Depressive Eltern neigen eher dazu, düstere Farben zu verwenden.

Besonders besorgniserregend ist jedoch die soziale Isolation, die für Eltern und Kind auftreten kann. Depressive Eltern ziehen sich häufig zurück und haben keine Kraft für soziale Kontakte. Studien verbinden elterliche Depression (einschließlich *pränataler Depression*) mit einer Vielzahl von Schwierigkeiten, einige davon lebenslang. Depressionen beeinträchtigen nicht nur die elterliche Bindung und Fürsorge, sondern bedeuten auch, dass Eltern möglicherweise nicht so wahrscheinlich die Dinge tun, die für die Sicherheit und Gesundheit ihrer Kinder erforderlich sind. Kinder im schulpflichtigen Alter mit depressiven Eltern haben möglicherweise nicht so gute schulische Leistungen, häufiger Verhaltensprobleme und eine schlechtere allgemeine Gesundheit.

Sie kommen ständig zu spät oder verpassen die Schule, weil ihre Eltern nicht die Energie oder die organisatorischen Fähigkeiten haben, um den Tag der Kinder adäquat zu strukturieren. Sie haben häufig Schwierigkeiten mit ihrer Stimmung, ihrem Denken und ihrer Fähigkeit, sich an alltäglichen

Aktivitäten wie Schlafen, Essen und Arbeiten zu beteiligen. Eltern mit Depressionen reagieren seltener angemessen auf die Signale – wie Weinen, Augenkontakt oder Gesten – ihrer Kinder. Im Vergleich zu Eltern, die nicht depressiv sind, neigen sie auch eher zu negativem Erziehungsverhalten (feindselig, zurückgezogen, missbräuchlich, nachlässig) und sind seltener warmherzig, sensibel und gehen eher weniger auf die Bedürfnisse ihrer Kinder ein. Manche reagieren eher nachlässig und distanzieren sich von ihren Kindern, während andere aufdringlich und überengagiert sind.

Was diese scheinbar gegensätzlichen Verhaltensweisen gemeinsam haben, ist die Tatsache, dass keines der beiden empfindlich auf die Signale eines Kindes reagiert. Infolgedessen haben Kinder von depressiven Eltern häufig Schwierigkeiten, ihre eigene Stimmung zu regulieren und Problemlösungsfähigkeiten zu entwickeln. Dreijährige mit depressiven Müttern schneiden auch bei Sprachkenntnissen und der Schulreife eher schlechter ab als Kinder mit Müttern, die nicht depressiv sind.

Kinder von depressiven Eltern im Schulalter sind oft gezwungen, früh erwachsen zu werden. Die Aufgaben, wie die Betreuung jüngerer Geschwister oder das Zubereiten von Mahlzeiten werden häufig von ihnen übernommen, wenn die Eltern zu deprimiert sind, um zu funktionieren. Sie mögen oberflächlich schon sehr reif für ihr Alter erscheinen, können aber darunter tatsächlich ziemlich verletzlich sein. Kinder leiden häufig in sozialen Institutionen wie der Schule, weil depressive Eltern sie seltener akademisch motivieren. Depressive Mütter und Väter neigen dazu, kritischer zu sein, und infolgedessen haben Kinder in diesem Alter oft negativere Bilder von sich selbst. Ihr Selbstwert sinkt und sie können schlecht ihre eigenen Fähigkeiten einschätzen.

Wie zu erkennen ist, spielen Eltern eine bedeutsame Rolle in dem Erleben des Kindes. Damit sich Kinder entwickeln können, sie gesund bleiben und positiv durchs Leben gehen können, ist es wichtig, sich der eigenen Stimmung bewusst zu sein. Das Beste, was man für seine Familie tun kann, wenn man an Depressionen erkrankt ist, ist eine Behandlung, sei es mit

Antidepressiva, Therapie oder beidem. Wenn der andere Elternteil aktiv beteiligt ist, verringert dies das Risiko, dass ein Kind ein geringes Selbstwertgefühl entwickelt oder Probleme in der Schule hat. Besonders für Mütter mit Depressionen kann es entscheidend sein, einen Babysitter und andere Haushaltshilfen einzustellen, wenn es ihnen finanziell möglich ist. Kinder werden häufig nicht in die Diskussion über die Depressionen miteinbezogen, obwohl sie gezwungen sind, alle dadurch verursachten Störungen zu durchleben. Es ist entscheidend, dass das Kind versteht, dass es keine Schuld trägt. Bei Kindern unter sieben oder acht Jahren ist es nicht nötig, das Wort Depression zu verwenden.

Bei älteren Kindern kann die Depression mit einer Krankheit verglichen werden, mit der sie besser vertraut sind. Egal, wie alt das Kind ist, sollte es Bescheid wissen und sich frei fühlen, Fragen stellen zu dürfen. Wenn ein Kind seine außerschulischen Aktivitäten und Spielverabredungen fortsetzen kann, wird es das Gefühl haben, dass es immer noch etwas Kontrolle über sein Leben hat. Bei Bedarf sollten Freunde oder Verwandte mehr in den Alltag miteinbezogen werden. Wenn Eltern sehen, dass ihre Kinder noch eine normale Kindheit und eine wundervolle Zukunft haben können, gewinnen auch sie selbst ihr Selbstvertrauen zurück und es gibt ihnen Hoffnung auf Genesung.

Psychotherapie

Sie alle kennen jemanden, der in Psychotherapie gewesen ist oder derzeit ist. Vielleicht auch Sie selbst. Aber was macht gute Psychotherapie aus? Und wann ist sie nötig? Was sind die Merkmale erfolgreicher Therapeuten? Was machen, denken und fühlen Therapeuten, wenn sie effektive Sitzungen durchführen? Welche Faktoren unterstützen oder behindern effektive Behandlungen?

Allgemein gilt, dass Psychotherapie bei vielen psychischen Problemen langfristig besser wirkt, kostengünstiger und langlebiger als Medikamente ist. Zahlreiche Studien haben gezeigt, dass Psychotherapie ein wirksames

Mittel ist, um Menschen dabei zu helfen, ihr Leben positiv zu verändern. Im Vergleich zu Medikamenten hat Psychotherapie weniger Nebenwirkungen und weniger Rückfälle, wenn sie beendet wird. Dies liegt daran, dass mithilfe von Psychotherapie nicht nur Dinge bearbeitet werden, sondern auch Tools entwickelt werden, die dabei helfen, mit zukünftigen Dingen umzugehen.

Die positiven Erkenntnisse setzen sich fort und wachsen im Laufe der Zeit, als ob sich ein Teil der Arbeit nach Beendigung der Therapie weiter festigt. Nach Beendigung der Behandlung ist der Patient in der Lage, Ereignisse zu reflektieren, darüber nachzudenken, darüber zu sprechen und Gefühle auszudrücken. Der gesamte Prozess des Gesprächs mit dem Therapeuten wird verinnerlicht, sodass die Selbsttherapie dort ansetzt, wo die eigentliche Therapie aufhört. Obwohl Medikamente für einige unerlässlich sein können, besteht nach dem Absetzen die Gefahr eines Rückfalls.

Effektive Therapeuten verfügen über ein ausgeklügeltes Set an zwischenmenschlichen Fähigkeiten, einschließlich sprachlicher Feinfühligkeit, Wärme, Akzeptanz, Empathie und der Fähigkeit, zu erkennen, wie sich ein Patient fühlt. Gute Therapeuten können Patienten dazu bewegen, die Behandlung anzunehmen und mit ihnen zu arbeiten. Wir alle haben unsere blinden Flecken. Intelligenz hat damit nichts zu tun. Ein guter Therapeut sagt Ihnen nicht, was Sie tun oder wie Sie Ihr Leben leben sollen. Er wird Ihnen mittels Expertise eine Außenperspektive geben und Ihnen helfen, einen Einblick in sich selbst zu gewinnen, damit Sie bessere Entscheidungen treffen können.

Wenn bestehende Gefühle von beispielsweise Wut bearbeitet werden, werden sie nur noch selten bis gar nicht mehr passiv-aggressiv ausgedrückt. Wütende Gefühle werden oft eher passiv-aggressiv als direkter und weniger aggressiv ausgedrückt. Jemand, der sich beleidigt fühlt, könnte im Gegenzug eine sarkastische Bemerkung machen oder nicht zu einer vereinbarten Zeit erscheinen und den „Termin vergessen“. Ein großer Vorteil von Psychotherapie besteht zudem darin, dass sie nicht nur hilft, sich selbst besser zu verstehen, sondern auch andere Menschen zu verstehen. Sie ist für Menschen gedacht, die über genügend Selbstbewusstsein verfügen, um zu erkennen, dass sie eine helfende Hand brauchen und die Werkzeuge und Techniken erlernen möchten, um selbstbewusster und emotional ausgeglichener zu werden. Wenn wir uns an negativen Gedanken festhalten, ohne sie zu verarbeiten, werden sie tief verwurzelt, sodass wir die Welt durch diese Linse sehen – und wir machen viele verzerrte Annahmen.

Oft werden Vermutungen darüber angestellt, was der andere beabsichtigt. Wenn sie dann tatsächlich einen Realitätscheck durchführen, indem sie einen Freund fragen, was sie gedacht haben, als sie etwas gesagt haben, sind sie oft überrascht zu hören, dass sie eine ganz andere Meinung hatten. Ohne das Durcheinander der eigenen oft verzerrten Annahmen ist es viel einfacher, die Absichten und Motivationen anderer zu verstehen. Veränderungen in der Therapie kommen daher, dass Sie sich selbst und Ihr Leben genau unter die Lupe nehmen und Verantwortung für Ihr eigenes Handeln übernehmen. Ihr Therapeut wird Ihnen helfen, aber letztendlich sind Sie derjenige, der die Arbeit machen muss.

Probleme im Leben sind unvermeidbar. Es ist jedoch wichtig zu wissen, wie man mit ihnen gesund umgeht. Konflikte gehören zum Alltag. Es ist hilfreich, sich seiner Gefühle in Bezug auf Konflikte bewusst zu sein. Wenn Sie zum Beispiel wütend auf Ihren Chef sind, der Ihnen Arbeit aufhäuft, wenn Sie sich gerade auf den Weg nach Hause machen, werden Sie wahrscheinlich ein Gefühl von Wut verspüren.

Indem Sie darüber nachdenken, was im Außen (Forderungen Ihres Chefs) und im Innen vor sich geht (Ihre wachsende Wut und Angst, Ihren Job zu verlieren, wenn Sie „Nein" sagen), sind Sie in der besseren Position, den Konflikt zu lösen. Die Dinge mit jemandem durchzusprechen und darüber nachzudenken, welche Gefühle hervorgerufen werden und warum, führt zu einem größeren Verständnis für sich selbst. Dann ist man freier, sich Wege zu überlegen, wie man proaktiver reagieren kann.

Und zu lernen, wie man sich nicht von Ereignissen unterbuttern lässt, sondern einen Plan erstellt, um mit ihnen umgehen zu können. Dieses Ziel in der Therapie ist der Schlüssel und fordert selbstverständlich viel Übung. Das Spannendste an der Therapie ist, dass sie Veränderungen auf der Ebene des Gehirns bewirken kann. Wir denken, dass Medikamente das depressive Gehirn verändern können, aber es gibt sehr überzeugende Beweise dafür, dass die Gesprächstherapie dasselbe tut.

Mit bildgebenden Verfahren des Gehirns hat sich gezeigt, dass Psychotherapie die Aktivität im medialen präfrontalen Kortex, dem anterioren cingulären Kortex, dem Hippocampus und der Amygdala verändert. Diese Bereiche sind an selbstbezogenen Gedanken, an exekutive Funktionen, an Emotionen und am Angsterleben beteiligt. Eine sehr effektive Methode, die kognitive Verhaltenstherapie (KVT), hilft Menschen, die negativen Denkmuster, auf die sie gewohnheitsmäßig zurückgreifen – die wie tiefe Furchen im Gehirn verdrahtet sind –, zu erkennen und durch neue und positivere mentale Gewohnheiten zu ersetzen. Abgesehen davon, dass Menschen weniger Symptome von Depressionen und Angstzuständen erfahren, scheint sie auch messbare Veränderungen im Gehirn zu bewirken.

Im Rahmen der Gesprächstherapie wird einem bewusster, was einen ängstlich, traurig, wütend oder frustriert macht. Folglich ist man freier zu entscheiden, wie man mit diesen Gefühlen umgeht oder welche Maßnahmen zu ihrer Linderung erforderlich sind. Einen Psychologen aufzusuchen, kann an sich schon eine große Erleichterung sein, da Sie wissen, dass Sie Maßnahmen gegen das ergreifen, was Sie schmerzt. Zusammengefasst ist Psychotherapie eine Möglichkeit, mehr Positivität in das eigene Leben willkommen heißen zu lassen. Es muss keine Diagnose vorliegen, um eine Psychotherapie durchzuführen.

Kapitel 4: Balance in sich selbst

Balance in sich selbst zu finden, geht damit einher, psychisch gesund zu sein. Psychische Gesundheit bezieht sich auf den allgemeinen Zustand, wie Verhalten, Gefühle und Gedanken erlebt und reguliert werden. Was als normal erlebt wird, ist vollkommen subjektiv. Eine nicht ausreichende mentale Gesundheit kann sich jedoch in vielen Lebensbereichen auswirken.

Das Verhältnis zur Familie und zu Freunden, die kognitive Leistung auf der Arbeit, die Interessen, die üblichen Aktivitäten und das Energieniveau können sich verändern. Wenn Sie sich einfach nicht mehr wie Sie selbst fühlen, ist Ihre mentale Gesundheit wahrscheinlich nicht mehr in Balance. Es ist ein Zeichen, dass Sie sich um sich selbst kümmern sollten. Folgende sechs Bereiche sollten dabei im Auge behalten werden: *Schlaf*, *Emotionalität*, das Erleben von *Freude*, *physische Symptome* und das *Energielevel.*

Schlechter Schlaf äußert sich häufig in Ein- oder Durchschlafproblemen, aber auch im frühmorgendlichen Erwachen oder im häufigen Verschlafen. Womöglich belasten Sie negative Gedanken oder Ängste vom Tag, die Sie mit in Ihren Schlaf nehmen. Während des Tages nehmen Sie vielleicht eine Veränderung in Ihrer emotionalen Stabilität wahr. Reizbarkeit, Wut, Gefühle der Frustration, Stimmungsschwankungen, die vom einen ins andere Extrem fliegen, können ein Zeichen dafür sein, dass Sie aus Ihrem inneren Gleichgewicht geraten sind.

Es fällt Ihnen schwer, Gedanken und Gefühle selbst zu regulieren, weshalb Sie möglicherweise sensibler oder impulsiver handeln als üblich. Es ist normal, ab und zu einen schlechten Tag zu haben, und Trauer gehört zum Leben dazu. Hält der Zustand jedoch über Tage oder Wochen an, immer weniger Freude in Aktivitäten erlebt wird, die zuvor erfüllend schienen, kann dies ein Signal dafür sein, dass etwas zurzeit nicht mit Ihnen stimmt. Wenn Sie beispielsweise früher gerne tanzen gegangen sind oder gemalt haben, sich aber derzeit nicht mehr für diese Aktivitäten interessieren, sollten Sie hinterfragen, ob es daran liegt, dass Sie keine Zeit dafür finden oder keine Freude mehr dabei erleben. Interessen können sich ändern, aber wenn Ihnen kaum mehr Dinge Freude bereiten, kann dies auch andere Ursachen haben.

Zudem ändert sich auch unser Ernährungsverhalten, wenn wir aus unserer inneren Balance geraten. Bei manchen können Stress und Ängste zu Appetitlosigkeit führen. Viele fühlen keinen Hunger mehr oder haben keine Energie zu essen. Für andere können Essattacken vorübergehend eine Linderung von negativen Gedanken und Gefühlen hervorrufen. Doch viele fühlen sich danach nur noch schlechter, weil sie viel und ungesund gegessen haben.

Der Verlust von Freude und überwiegend negative Gedanken können sich ebenso körperlich auswirken. Schwitzen, schneller Herzschlag, Schwindel, Magen-Darm-Beschwerden und Kopfschmerzen sind keine seltenen Folgen von psychischer Dysbalance. Es sind Symptome des sympathischen Nervensystems, das eigentlich nur dann aktiviert wird, wenn wir in Stresssituationen sind. Doch auch negative Gedanken und Gefühle sind für den Körper Stress. Stress macht uns auf Dauer energielos. Müdigkeit und *Lethargie* sind die Folge. Sich ständig geistig und physisch träge zu fühlen, kann es schwieriger machen, sich zu konzentrieren, Gesprächen zu folgen oder schnell zu denken. Manchmal kann es sogar dazu führen, dass Sie keine Motivation mehr haben, morgens aufzustehen.

Es mag zu simpel erscheinen, aber es gibt einen Grund, warum die Idee einer positiven Einstellung ein wichtiger Bestandteil des Erfolgs in allen Aspekten des Lebens ist, von der persönlichen über die Karriere bis hin zu Beziehungen. Die Wissenschaft zeigt, dass Menschen, die an einer generalisierten Angststörung leiden, stark davon profitierten, negative, besorgniserregende Denkmuster durch positivere zu ersetzen. Wenn dies für

Menschen mit Angstzuständen zutrifft, kann dies auch für alle anderen Menschen erreicht werden, die ihren Lebensweg und ihre Karriere ändern möchten. Im Gegensatz zu dem, was viele vielleicht denken – Glück führt zum Erfolg und nicht umgekehrt. Die Gründe dafür können viele sein und ergänzen sich. Denn Menschen mit einer positiven Einstellung können ihre eigenen Fähigkeiten verbessern und ausbilden.

Wenn Sie sich nicht auf die negativen Aspekte einer Situation konzentrieren, sehen Sie die Dinge idealerweise als gut. Dies gibt Ihnen den mentalen Raum, um tiefer in Ihre eigenen Fähigkeiten einzutauchen und das Erlernen neuer Fähigkeiten zu begrüßen. Insbesondere macht es uns möglich, die Gelegenheit zu nutzen, unser Repertoire an Fähigkeiten für den zukünftigen Gebrauch aufzubauen. Aber wir können uns auch besser ausruhen und entspannen, da wir das Gefühl haben, uns angestrengt zu haben.

Eine positive Denkweise gibt uns einen breiteren Blick auf die Dinge. Menschen mit einer positiven Einstellung können Herausforderungen anders sehen. Da sie bereits einen ruhigen, dankbaren und offenen Geist haben, können sie diese Herausforderungen als Chancen sehen und sie als Privilegien annehmen. Sind Sie schon einmal jemandem begegnet, der häufig unglücklich ist? Wie viel Lust hatten Sie, mit dieser Person zu einem Meeting zu gehen oder mit ihr an einem Projekt zu arbeiten? Wahrscheinlich nicht sehr viel.

Denn die Emotionen der Menschen können ansteckend sein. Die gute Nachricht ist, dass es in beide Richtungen funktioniert. Eine fröhliche, positive Einstellung gegenüber Ihren Kollegen und Freunden nährt die positive Einstellung des Ganzen. Dies trägt auch dazu bei, dass Sie als gesunder und wertvoller Teil des sozialen Umfelds wahrgenommen werden und nicht nur ein weiteres Zahnrad in der Maschine sind. Das soll nicht heißen, dass Sie keine negativen Emotionen vor Ihren Mitmenschen zeigen dürfen. Aber die Balance macht es mal wieder aus. Zudem leben positive Menschen länger. Wissenschaftler haben herausgefunden, dass Menschen, die häufig Positivität zeigen, eine längere Lebensdauer haben. Tatsächlich entdeckten

Wissenschaftler in einer Studie aus Kentucky, dass eine Gruppe von Nonnen, die Positivität und Wertschätzung zeigten, bis zu 10 Jahre länger lebte als diejenigen, die weniger Positivität äußerten. Dieser Gewinn an Lebenserwartung ist erheblich größer als der Gewinn, den diejenigen erreichen, die mit dem Rauchen aufhören.

Positiv zu sein, verändert den eigenen Fokus. Wir sind unsere besten Kritiker. Nicht selten neigen wir dazu, uns für Fehler und Mängel zu bestrafen. Dies kann zu einer Abwärtsspirale führen. Hingegen können sich positive Menschen mehr auf ihre Leistungen konzentrieren. Positiv zu sein, bedeutet außerdem, Fehler und Misserfolge als Lektionen zu akzeptieren, anstatt sich selbst herabzusetzen. Auf diese Weise stärkt eine positive Einstellung das Selbstvertrauen. Positivität schafft einen vertrauenswürdigen Ruf.

Es ist viel einfacher, Unterstützung von Kollegen und Vorgesetzten zu bekommen, wenn Sie sich positiv für sich einsetzen können. Sie haben gezeigt, dass Sie mit einer positiven Einstellung in der Lage sind, herausfordernde Situationen in eine positive Richtung zu lenken, und das bedeutet, dass Sie mit größerer Wahrscheinlichkeit die Aufmerksamkeit und Unterstützung von anderen erhalten, die Sie benötigen, um voranzukommen. Es ist jedoch wichtig zu beachten, dass eine positive Einstellung nicht bedeutet, unrealistisch zu sein. Im Folgenden sind ein paar wenige Tipps aufgelistet, die die innere Balance fördern und dabei helfen, den inneren Frieden mit sich und der Außenwelt zu finden:

1. Streben Sie sieben oder acht Stunden Schlaf pro Nacht an. 30 Minuten vor dem Zubettgehen sollte die Zeit vor einem Bildschirm vermieden werden.
2. Führen Sie feste Mahlzeiten ein und nehmen Sie sich Zeit für diese. Sie sollten vitaminreiche Kost enthalten.
3. Versuchen Sie, 30 Minuten Bewegung in Ihren Alltag zu integrieren. Sei es ein Spaziergang oder Sport.

4. Sorgen Sie für genügend Wasser (mindestens zwei Liter täglich). Kaffee sollte nicht exzessiv getrunken werden, um sich besser konzentrieren zu können. Dafür gibt es auch andere Techniken wie die der Meditation, die im späteren Kapitel näher beschrieben wird.

5. Stoppen Sie damit, sinnlose Streitigkeiten mit Menschen zu führen. Es ist gut, seine Meinung auszudrücken und über Themen zu diskutieren. Ein kontroverser Austausch ist fundamental, um neue Perspektiven und Wissen zu erlangen. Diskutieren ist jedoch keine Form des Streitens. Streiten ist meistens unproduktiv und führt keineswegs zu einem konstruktiven Ende. Denn Ziel eines Streits ist es nicht, die andere Person zu verstehen, sondern sie von der eigenen Meinung überzeugen zu wollen.

6. Verschwenden Sie Ihre Zeit nicht mit einseitigen Beziehungen. Bemerken Sie, dass Sie über eine längere Zeit mehr Energie geben als nehmen, kommunizieren Sie es dem Gegenüber. Kommunikation ist der Schlüssel für Veränderungen.

7. Gönnen Sie sich Auszeiten und zeigen Sie Ihre Grenzen. Viele geraten in Freizeitstress und können die freie Zeit kaum noch genießen, weil sie mit Terminen überhäuft ist. Überlegen Sie sich genau, wie oft Sie sich in der Woche verabreden möchten und was Ihnen guttut. Die andere Person hat auch nichts davon, wenn Sie ständig mit Ihren Gedanken abschweifen und nicht richtig zuhören können.

8. Bemerken Sie, dass Sie in einem toxischen Beziehungsgefüge gefangen sind, können Sie es häufig daran erkennen, dass Sie das dysfunktionale Verhalten der anderen Person akzeptieren und entschuldigen. Es ist wichtig, in sich hineinzuhorchen, was dieses Verhalten mit Ihnen macht. Empathie ist schön, aber kann auch toxisch werden. Sie können die Probleme anderer mitfühlen, aber Sie sind trotzdem nicht in der Position, den „emotionalen Mülleimer“ zu spielen.

9. Viele Menschen empfinden Missgunst, wenn man selbst Freude im Alltag erlebt. Verabschieden Sie sich von diesen Personen. Freunde oder Familie

sollten nicht in der Position sein, Ihre Freude am Leben zu nehmen, nur weil sie diese vielleicht selbst nicht erleben. Sie dürfen glücklich sein, auch wenn Ihr Gegenüber momentan eine schlechte Zeit erlebt.

10. Sie sollten niemals über Ihre eigenen Grenzen gehen, nur um einer anderen Person zu gefallen oder um in das Leben des anderen zu passen.
11. Sie kennen zwar Ihre eigenen Grenzen, aber buttern Sie sich selbst nicht runter. Ihr Leben, Ihr Selbstwert und Ihre Potenziale sind keineswegs limitiert.
12. Erlauben Sie sich selbst, verletzlich zu sein. Sie müssen nicht immer glücklich sein. Es gehört auch zum Leben dazu, Traurigkeit und Schmerz zu erfahren.
13. Hören Sie auf Ihre eigenen Bedürfnisse. Diese Stimme in Ihnen, die Ihnen sagt, was Sie brauchen, sollte nicht ignoriert werden. Schämen Sie sich nicht dafür, Hilfe von anderen anzunehmen.
14. Dinge in der Vergangenheit sind passé. Versuchen Sie, diese nicht zu sehr in Ihre Gegenwart zu integrieren. Manche Erlebnisse waren schmerzhaft, aber sie sind heute nicht mehr veränderbar.
15. Eines der schwierigsten Dinge im Leben ist es, sich nicht mit Mitmenschen zu vergleichen. Häufig glauben wir daran, dass der andere doch ein besseres Leben führt. Dem ist aber nicht so. Auch die Personen, die von außen immer so glücklich scheinen, haben ihre Probleme. Sie sind nur nicht immer so ersichtlich.
16. Warten Sie nicht darauf, dass andere Ihnen gegenüber Lob aussprechen oder Ihr Selbstvertrauen stärken. Sie sind die Person, die sich selbst Komplimente machen und bestärken kann. Sie selbst wissen genau, warum Sie wertvoll sind.
17. Verschwenden Sie nicht Ihre Zeit an Menschen, die sich nicht ändern möchten. Akzeptieren Sie, dass Sie sich für diesen Lebensstil entschieden haben. Halten Sie nicht daran fest, die andere Person verändern zu

möchten. Das ist nicht Ihre Aufgabe. Sie können der Person anbieten, sie auf dem Weg zu begleiten, dennoch bleibt der Akteur die Person selbst. Auch Sie haben limitierte Energielevel. Sie selbst können entscheiden, wie viel Energie Sie mit anderen Menschen teilen möchten.

18. Haben Sie keine Angst vor Neuem. Probieren Sie sich aus. Misserfolge gehören zum Leben dazu.

19. Kleinigkeiten können nervenzerreißend sein, aber sind dennoch kein Grund, sich den ganzen Tag ruinieren zu lassen. Auch wenn der Bus heute verspätet kam, der ganze Tag dadurch durcheinandergeraten ist, können Sie das Beste daraus machen. Nutzen Sie die Zeit, einen schönen Podcast zu hören und sehen Sie das Positive in der jeweiligen Situation. Machen Sie das Beste aus den Umständen, die sich nicht ändern lassen.

20. Zwingen Sie sich nicht zu Gefühlen, nach denen Ihnen gerade einfach nicht ist. Wenn Sie heute traurig sind, dann hat das seine Gründe. Gehen Sie den Gründen nach und akzeptieren Ihren Gemütszustand.

Kapitel 5: Weg von den negativen Gedanken

Negative Gedanken können eine Form von Automatismus sein, der über viele Jahre erlernt wurde. Automatisches Denken wird hauptsächlich in der kognitiven Verhaltenstherapie verwendet, die darauf abzielt, negative Gedanken und Wahrnehmungen zu modifizieren. Es ist ein reflexartiger Gedanke, der Ihnen in den Sinn kommt, wenn etwas passiert.

Wenn dies gewohnheitsmäßig in eine negative Richtung geht, kann es ziemlich lästig sein. Negative Gefühle äußern sich häufig in der Überzeugung, nur schlechte Erfahrungen gemacht zu haben, verbunden mit einem starken Gefühl der Selbstverleugnung, die Überzeugung, ein schlechter Mensch zu sein. Es gibt zwei Wege, wie wir über Dinge denken und sie wahrnehmen: implizite und explizite.

Implizite Gedanken beschreiben Überzeugungen und Ideen, die durch das tägliche Leben gewonnen wurden. Explizite hingegen beziehen sich auf eine momentane Reaktion, die ins Bewusstsein kommt. Manche Menschen schaffen es, die Dinge immer positiv anzugehen. Einer ihrer Glaubenssätze an das Leben wäre zum Beispiel: „Es gibt Glück im Alltag. Ich habe viele Stärken und mein Leben hat einen Wert." Als vorübergehender Gedanke denken sie vielleicht: „Das ist eine schwierige Situation, aber ich kann sie überwinden!" Hingen führen unangenehme Gedanken zu anderen Gefühlen und erzeugen eine Wiederholung der negativen Selbsteinschätzung.

Abstand von seinen negativen Gedanken zu nehmen, bedeutet nicht, dass negative Gedanken verdrängt werden sollen. Es ist jedoch nicht zielführend, diese immer zu wiederholen und nichts an ihnen zu ändern. Der Ursache für das Grübeln nachzugehen, ist der erste Versuch, sich ihnen zu stellen. Vielmehr kann man sie zulassen, sich aber nicht mit ihnen identifizieren. Die Angst ist zwar da, aber die Angst bestimmt nicht Ihre Identität. Wenn die Gedanken auftauchen, konzentrieren Sie sich auf das Hier und Jetzt. Nehmen Sie Ihre Umgebung achtsam wahr, anstatt das Gedankenkarussell weiterfahren zu lassen. Was hören Sie? Was sehen Sie? Was spüren Sie? Erkennen Sie, dass sie zwar eine kontrollierende Instanz in Ihrem Leben sind, aber eben nur in einem gewissen Maße. Menschen tendieren dazu, alles vorhersagen zu wollen, aber das Leben ist nicht vollkommen antizipierbar.

Wenn die Gedanken kaum noch zu stoppen sind, nehmen Sie sich einen Stift und einen Zettel. Schreiben Sie alles auf, was Ihnen in den Sinn kommt. So werden eine neutrale Distanz und ein Überblick der Gedanken hergestellt. Registrieren Sie Ihre Gedanken und identifizieren Sie kognitive Verzerrungen und negative Denkstrukturen. Negative Denkmuster sind häufig Verzerrungen der Realität, unlogische Sichtweisen auf Situationen oder Menschen und können wie folgt aussehen:

1. Schwarz-Weiß-Denken: keine Graustufen. Wenn die Dinge nicht perfekt sind, werden sie als Misserfolg betrachtet. Sie haben beispielsweise eine neue Diät begonnen und essen in den ersten Tagen nach Plan. Dann haben Sie ein Stück Apfelkuchen gegessen. Sie verurteilen sich dafür und sagen sich: „Ich habe es vermasselt, ich könnte genauso gut den ganzen Kuchen essen! Ich bin so ein Versager!"

2. Voreilige Schlussfolgerungen ziehen: Diese Verzerrung beinhaltet Annahmen über die Gedanken anderer oder negative Annahmen darüber, wie Ereignisse in der Zukunft aussehen werden.

3. Mentaler Filter: Von all den Dingen, die gut laufen, wählen Sie ein negatives Detail aus und konzentrieren Ihre ganze Aufmerksamkeit darauf. Sie haben beispielsweise bei der Arbeit nach einer Präsentation 20 Rückmeldungen erhalten. 19 der Formulare wurden mit positiven Aussagen über Sie und Ihre Arbeit ausgefüllt. Ein Formular vermerkte, dass man die Zeit besser hätte nutzen können. Alles, woran Sie dachten, war diese

eine „negative“ Aussage, während Sie alle anderen positiven Rückmeldungen ignorierten.

4. Katastrophisieren: Dieses negative Denkmuster beschreibt die Annahme darüber, dass immer davon ausgegangen wird, dass Ereignisse als „Worst Case“ eintreten werden. Dabei werden wahrscheinlichere und realistischere Möglichkeiten nicht in Betracht gezogen.

5. Positives disqualifizieren: Sie lehnen positive Erfahrungen ab, indem Sie darauf bestehen, dass sie aus irgendeinem Grund „nicht zählen“. Auf diese Weise können Sie eine negative Überzeugung aufrechterhalten, die Ihren alltäglichen Erfahrungen widerspricht.

6. Übergeneralisierung: Dieses Muster beschreibt eine Tendenz, das, was in einer Situation passiert ist, auf alle zukünftigen Erfahrungen zu generalisieren. Negative Erlebnisse werden gemieden, weil sie Angstzustände erzeugen.

7. Etikettierung: Wenn Menschen sich selbst als negativ bezeichnen, beeinflusst dies, wie sie sich in verschiedenen Situationen und Lebensumständen fühlen. Jemand, der sich selbst als "schlecht in Mathe" bezeichnet, wird oft schlechter in Aktivitäten abschneiden, die diese Fähigkeit beinhalten.

8. „Sollte“-Aussagen: Denken, das durch „Sollte“-Aussagen gekennzeichnet ist, verstärkt die negative Perspektive, weil sie sich nur darauf bezieht, was man tun „sollte“. Solche Aussagen entsprechen häufig nicht der Realität und führen dazu, dass sich die Menschen niedergeschlagen fühlen und nicht an ihre eigenen Fähigkeiten glauben.

9. Emotionale Argumentation: Dies beinhaltet die Annahme, dass etwas wahr ist, basierend auf der eigenen emotionalen Reaktion darauf. Wenn Sie sich zum Beispiel nervös fühlen, würden Sie auf Gefühlsebene den Zustand sofort als Gefahr einordnen. Dies kann negative Gefühle hervorrufen und Angst verstärken.

10. Internalisierung und Schuldzuweisungen: Bei diesem Denkmuster geht es darum, Dinge als kränkend anzunehmen, auch wenn sie nicht kränkend gemeint sind. Dadurch machen sich Menschen häufig für Dinge verantwortlich, über die sie keine Kontrolle und die nichts mit ihnen persönlich zu tun haben.

Im letzten Schritt können Sie sich der Ursache widmen. Kenne ich diese Denkmuster von meinen Eltern? Wann haben diese negativen Gedanken angefangen? Was passierte zu diesem Zeitpunkt in Ihrem Leben?

Nun sind einige **Strategien** aufgelistet, die zur Inspiration dienen, wenn Sie erneut ein Gedankenfluss von Negativität überkommt. Probieren Sie diese mal aus und finden Sie heraus, welche Ihnen am meisten helfen. Das müssen Sie ganz für sich individuell herausfinden. Hier gibt es kein „Richtig" oder „Falsch".

1. Positionieren Sie sich in einem ungestörten Raum und schließen Sie die Augen. Fokussieren Sie sich nur auf den Moment und versuchen Sie, sich darauf zu konzentrieren, alles um Sie herum auszublenden. Versuchen Sie, nur Ihre Aufmerksamkeit der Wirbelsäule und der Atmung zu schenken. Am besten stellen Sie sich zuvor einen Wecker auf fünf oder zehn Minuten. Genießen Sie den Moment des sich Sammelns.

2. Fokussieren Sie sich auf Ihre Sinne. Zählen Sie fünf Dinge auf, die Sie gerade hören. Nennen Sie vier Dinge, die Sie gerade sehen. Welche drei Gerüche können Sie gerade riechen? Sagen Sie sich laut vor, was Sie mit Ihren Füßen berühren und was mit Ihren Händen. Was schmecken Sie gerade?

3. Suchen Sie sich einen Hügel oder eine Treppe. Versuchen Sie, so gut es möglich ist, zu rennen. Sie werden merken, dass Sie aus der Puste kommen. Doch dass Sie sich wieder spüren, ist das, was Sie möglicherweise gebraucht haben.

4. Schnappen Sie sich Ihre bequemsten Schuhe und verlassen Sie das Haus.

Wo ist der nächste Park oder Wald, den Sie finden können? Sie wissen am besten, welche Ecken in der Natur Ihnen ein Gefühl von Geborgenheit bereiten. Wenn Sie es noch nicht wissen, suchen Sie sich einen besonderen Ort.

5. Verlassen Sie den Raum, der Sie gerade stresst. Sei es das Büro, in dem Sie gerade eine Aufgabe bearbeiten. Raucher machen es, abgesehen vom gesundheitlichen Schaden, genau richtig. Sie gönnen sich kleine Pausen, um durchzuarbeiten und danach wieder fokussiert weiterzuarbeiten.

6. Lenken Sie Ihre Aufmerksamkeit auf Ihren Atem. Atmen Sie drei Sekunden ein und zwei Sekunden aus. Wiederholen Sie es, bis Sie sich wieder beruhigt haben. Den eigenen Atem zu spüren, kann sehr entspannend wirken. Zudem können Sie diese Übung auch problemlos unterwegs durchführen.

7. Wer tut Ihnen gut? Rufen Sie Ihren besten Freund oder Ihren Partner an. Berichten Sie von Ihrem Innenleben. Es tut gut, die Dinge rauszulassen, die Sie gerade beschäftigen.

8. Denken Sie an etwas Schönes. Nutzen Sie Träume oder Illusionen, um in Ihrem Kopf ein positives Bild zu kreieren. Das kann zum Beispiel die Vorstellung an eine Blumenwiese sein. Lenken Sie Ihren Fokus auf jedes kleine Detail. Wie soll die Blüte oder der Stängel aussehen? Welche Farben finden Sie auf der Wiese? Welcher Ort auf der Welt lässt Sie freudig stimmen?

9. Halten Sie alle Gedanken und Gefühle in Ihrem Tagebuch fest. Die Gedanken wird niemand lesen, also seien Sie ehrlich und schreiben Sie wirklich alles auf, was Sie gerade fühlen. Niemand wird und kann Sie verurteilen.

10. Speichern Sie sich im Handy Bilder ab, die Sie beruhigen oder glücklich machen. Vielleicht vom letzten Urlaub auf Mallorca? Für viele Menschen erzeugen Bilder mehr Emotionen als Worte.

11. Schreiben Sie zehn Worte auf, die positiv sind und gute Laune evozieren. Worte können unsere Gefühle beeinflussen. Das können zum Beispiel folgende Worte sein: Urlaub, Sonne, Meer, Spaß, Gartenfest, Liebe, Hoffnung.
12. Setzen Sie sich in den Park auf eine Bank und beobachten Sie die Menschen um Sie herum. Besonders Kinder haben eine beruhigende Wirkung, denn diese nehmen sich all die Zeit der Welt, um die kleinen Details der Umgebung zu erkunden. Daran sollten Sie sich ein Beispiel nehmen.
13. Legen Sie Ihr Lieblingslied auf und tanzen Sie so verrückt, wie Sie nur können. Lassen Sie all die Wut oder Traurigkeit raus. Machen Sie genau das an, was Sie gerade brauchen.
14. Malen Sie ein Bild mit all den Farben, nach denen Sie sich gerade fühlen. Es muss kein Kunstwerk werden. Besonders in der Gestaltpsychologie arbeitet man mit diesen Techniken und es zeigen sich signifikante Effekte.

TOXISCHE POSITIVITÄT

Vielleicht ist der Begriff für Sie neu. Sie haben richtig gelesen. Positivität kann toxisch für uns sein. Unabhängig davon, wie verzweifelt Sie aufgrund eines vorliegenden Problems sind, toxische Positivität legt nahe, dass die beste Vorgehensweise darin besteht, einfach positiv zu bleiben. Toxische Positivität kann viele verschiedene Formen annehmen. Ein Beispiel dafür könnte ein Elternteil sein, der Sie davon abhält, Wut oder Traurigkeit auszudrücken.

Oder vielleicht ein Freund, der sagt: „Steck den Kopf nicht in den Sand." Es kann aber auch ein Beitrag in einem sozialen Netzwerk sein, wie wir alle während des Lockdowns produktiv sein können. Die Quintessenz ist, dass toxische Positivität der Glaube ist, dass alle Emotionen wie Traurigkeit, Wut, Angst oder Einsamkeit „schlecht" sind und um jeden Preis vermieden werden sollten. Bei der toxischen Positivität werden diese Gefühle durch „only good vibes“ und positive Gefühle ersetzt, ohne die zugrunde liegenden Ursachen dieser Gefühle anzugehen.

Im vorherigen Kapitel wurde bereits angesprochen, dass es wichtig ist, negative Gedanken zu akzeptieren. Es bedeutet nicht, die Kontrolle über seine eigenen Gedanken zu verlieren, sondern sich dieser Negativität bewusst zu werden und nicht den Weg der Verdrängung zu beschreiten. Unter toxischer Positivität ist eine Form des Verdrängens gemeint, denn jegliche negative Gedanken werden nicht zugelassen. Menschen, die toxisch positiv sind, sind besessen davon. Sie strahlen ständig, haben immer gute Laune, auch wenn ihr Inneres eigentlich etwas anderes sagt. Toxische Positivität kann negative Emotionen zum Schweigen bringen, Trauer erniedrigen und Menschen dazu bringen, sich unter Druck zu setzen, so zu tun, als wären sie glücklich, selbst wenn sie Probleme haben.

Positives Denken ist zwar schön und gut, aber es existiert nicht in einem Vakuum und ist kein Allheilmittel für alle Herausforderungen des Lebens. Toxische Positivität zwingt positives Denken als einzige Lösung für Probleme auf und verlangt, dass eine Person negatives Denken vermeidet oder negative Emotionen ausdrückt. Es hält sie häufig davon ab, soziale Unterstützung zu suchen. Darüber hinaus kann toxische Positivität dazu führen, dass sich Menschen schämen, wenn sie leiden. Scham ist ein sehr schmerzhafter Zustand, der uns wertlos fühlen lässt. Wenn etwas schiefgeht, denken sie vielleicht, dass sie sich nicht aufregen dürfen. Sie können sich ignoriert, entwertet oder verlassen fühlen. Es ist somit weder hilfreich noch effektiv. Toxische Positivität suggeriert den Menschen, dass andere Emotionen als Glück nicht gültig sind und nicht gefühlt oder ausgedrückt werden sollten.

Formen von toxischer Positivität haben Sie bestimmt selbst schon erlebt. Paare, die einen erneuten Kinderwunsch haben und es nicht funktioniert, hören häufig Sätze wie: „Seid doch froh, dass ihr wenigstens ein Kind habt.“ Manch anderer glaubt, das Gegenüber nach einer Katastrophe aufzuheitern, indem er behauptet, dass alles einen Grund habe und man sich auf die positiven Aspekte des Verlustes konzentrieren solle. Eine Person, die glaubt, dass sie nur positiv sein darf, kann jedoch ernsthafte Probleme verdrängen. Ebenso können Menschen, die von anderen Positivität verlangen, unzureichende Unterstützung bieten oder geliebte Menschen stigmatisieren. Menschen, die den Druck verspüren, immer zu lächeln und positiv zu sein, suchen möglicherweise weniger Unterstützung. Sie fühlen sich häufig isoliert oder schämen sich für ihre Gefühle, was sie davon abhält, Hilfe zu suchen. Nach Angaben der American Psychiatric Association kann Stigmatisierung eine Person davon abhalten, eine psychologische Behandlung in Anspruch zu nehmen.

29 Studien zu häuslicher Gewalt aus dem Jahr 2020 ergaben, dass toxische Positivität dazu führen kann, dass Menschen, die von Missbrauch betroffen sind, deren Schwere unterschätzen und in missbräuchlichen Beziehungen verbleiben. Optimismus, Hoffnung und Vergebung erhöhten das Risiko, dass Menschen bei ihren Tätern bleiben und einem eskalierenden Missbrauch ausgesetzt sind. Toxische Positivität ermutigt zudem die Menschen, ihre negativen Emotionen zu ignorieren, obwohl sie diese durch das Verdrängen noch stärker fühlen. Wenn eine Person in dem Moment nicht positiv denken will und kann, hat sie häufig schnell das Gefühl, zu versagen. Der Selbstwert dieser Person sinkt folglich.

Im Folgenden sind einige Strategien zur Vermeidung einer selbst auferlegten toxischen Positivität aufgeführt. Erkennen Sie negative Emotionen als normal und als wichtigen Teil der menschlichen Erfahrung an. Es ist wichtig, diese Emotionen zu identifizieren und zu benennen, anstatt zu versuchen, sie zu vermeiden. Alle Gefühle sind wertvoll und tragen zu unserer menschlichen Erfahrung bei. Auch „negative" Gefühle wie Angst und Wut sind primitive Reaktionen, die unser Gehirn auslöst, um uns vor Bedrohungen zu schützen.

Respektieren Sie Ihre Emotionen und erlauben Sie zu fühlen, was immer Sie fühlen wollen oder müssen. Alle Gefühle sind daseinsberechtigt und normal. Gefühle sind Reaktionen, daher muss ihnen Zeit und Raum gegeben werden. Dabei kann es helfen, mit vertrauenswürdigen Personen über diese Emotionen sprechen, einschließlich negativer Gefühle.

Ermutigen Sie auch Menschen in Ihrem Umfeld, offen über ihre eigenen Gefühle zu sprechen, um mit negativen Emotionen vertrauter zu werden. Hören Sie aufmerksam zu und versuchen Sie, sich in die Lage des anderen zu versetzen. Betreten Sie das Gespräch ohne Wertung und zeigen Sie Respekt. Bestätigen Sie die Gefühle des anderen, indem Sie Mitgefühl und Verständnis zeigen und Ihre Hilfe anbieten, anstatt zu versuchen, die Gefühle des anderen wegzuschieben.

Vermeiden Sie es, auf alles, was eine Person sagt, eine positive Reaktion zu haben. Erkennen Sie, dass intensive negative Emotionen oft mit starken positiven Emotionen zusammenfallen, zum Beispiel, wenn tiefe Trauer intensive Liebe signalisiert. Nicht-toxische Formulierungen wären beispielsweise: „Ich höre dir zu.“, „Ich bin da, egal, was ist.“, „Das muss hart sein.“, „Manchmal passieren traurige Dinge. Wie kann ich für dich da sein?“, „Misserfolge sind Teil des Lebens. Es ist okay, diese zu erfahren.“, „Deine Gefühle sind berechtigt und total verständlich.“ Wenn wir nicht authentisch handeln, beeinträchtigt dies unsere Fähigkeit, soziale Bindungen einzugehen, und zerstört das Vertrauen in uns.

Wir alle haben unterschiedliche Lebenserfahrungen gemacht, die uns geprägt haben, und wir gehen alle anders mit Umständen um. Wenn Ihr Bekannter auf etwas anders reagiert als Sie, falsifiziert dies nicht Ihre eigene Reaktion. Es gibt Menschen, die von Natur aus dazu neigen, glücklicher zu sein als andere, und Menschen, die schreckliche Erfahrungen gemacht haben, die sie dazu gebracht haben, schreckliche Ereignisse mehr zu bemerken als die freudigen. Wir empfinden die Dinge auf unterschiedliche Weise. Seien Sie an dieser Stelle auch vorsichtig, wie viel Zeit Sie auf Social Media verbringen. Behalten Sie im Hinterkopf, dass es meist eine falsche Realität von ewigem Glück und Perfektion präsentiert. Wenn Sie einen körperlichen Schmerz hätten, der für eine bestimmte Zeit anhält, würden Sie etwas dagegen tun. Wir sollten dasselbe mit unserer psychischen Gesundheit tun. Es ist am besten, unseren Schmerz anzuerkennen, um ihn zu verarbeiten. Leiden ermöglicht uns, zu lernen, und kann uns eine neue Perspektive geben, mithilfe derer wir uns entwickeln können. Indem wir den Fokus während der Höhen und Tiefen des Lebens darauf verlagern, unsere Gefühle zu akzeptieren und zu verstehen, kann dies zu einem kraftvollen Lernen führen.

Kapitel 6: Positive Psychologie

Allgemein dient die Psychologie als eine Human- und Naturwissenschaft zum Verständnis von menschlichen Handlungen. Untersuchungsgegenstand ist der Mensch samt seinem persönlichen Leben, seinen sozialen Beziehungen und seinem Verhalten. Die positive Psychologie ist ein sehr junges Feld in der empirischen Wissenschaft. Vor etwa zehn Jahren hat der Forscher Martin Seligman den Fokus auf die positive Psychologie gesetzt. Sie vermittelt ein faires Miteinander, die Fähigkeit, eigene Wünsche ausdrücken zu können, fördert das Wohlbefinden, reduziert Stress und Angstzustände, dient der Bearbeitung traumatischer Erfahrungen und noch viel mehr.

Die Psychologen Seligman und Peterson haben die positive Psychologie als eine Ergänzung der Psychologie verstanden. Was macht das Leben lebenswert? Wie erfährt man Erfüllung und Sinn im Leben? Die positive Psychologie stellt eine Begleitung dar, diesen Fragen nachzugehen, positive Gefühle zu erleben und die persönlichen Ressourcen zu erweitern. Welche Faktoren können Einzelnen und Gemeinschaften helfen, im Leben aufzublühen? Das Konzept richtet sich nicht nur an Menschen, die sich in Krisensituationen befinden, sondern auch an solche, die ihr Wohlbefinden und ihre Zufriedenheit im Leben steigern möchten.

Die drei wesentlichen Säulen der positiven Psychologie sind folgende: positives Erleben (Emotionen bezogen auf die Vergangenheit, Gegenwart und Zukunft), positive Charaktereigenschaften (oder auch Talente) und positive Institutionen (wie Schule, Familie, Umfeld). Die Forschergruppe Peterson und Seligman hat 24 Charakterstärken und sechs Tugenden herausgearbeitet, die für ein positives Erleben essenziell sind. Die Tugenden stehen hierarchisch über den Charakterstärken.

1. *Tugend: kognitive Charakterstärken, die den Erwerb von Wissen und Weisheit erleichtern*

- Kreativität: Welche Wege sind mir möglich, um eine Aufgabe auszuführen?
- Neugierde: Was passiert in meiner Umwelt?
- Urteilsvermögen: Welche Perspektiven gibt es auf den Umstand?
- Liebe zum Lernen: Welche neuen Verfahren oder Techniken gibt es, um Wissen zu erlangen?
- Weitsicht: Wie weit geht mein Horizont?

2. *Tugend: emotionale Charakterstärken, die das Erreichen von Zielen erleichtern*

- Mut: Welche neue Herausforderung steht an?
- Ausdauer: Was brauche ich, um die Aufgabe zu vollenden, auch wenn es lange dauert?
- Ehrlichkeit: Was denke und fühle ich gerade wirklich?
- Tatendrang: Welche neuen Dinge kann ich auf der Welt entdecken?

3. *Tugend: zwischenmenschliche Charakterstärken, die liebevolle Interaktionen möglich machen*

- Fähigkeit, jemanden zu lieben und von anderen geliebt zu werden: Wie nah kann mir ein Mensch kommen?
- Freundlichkeit: Wie begegne ich anderen Menschen? Was kann ich für andere machen?
- Soziale Intelligenz: Welche Gefühle und Motive erlebt mein Gegenüber? Welche meiner Kompetenzen braucht er?

4. *Tugend: faire Charakterstärken, die das Wohl einer Gemeinschaft fördern*

- Teamwork: Wie gut kann ich mich in ein Team einbringen und Verantwortung übernehmen?
- Fairness: Inwiefern behandele ich meine Mitmenschen nach dem Prinzip,

dass alle gleich sind und deshalb gerecht behandelt werden müssen?
- Führungsvermögen: Wie gut kann ich Gruppen organisieren und leiten?

5. *Tugend: maßregelnde Charakterstärken, die Exzesse kompensieren*

- Vergebung: Wie sehr kann ich den Menschen vergeben, die mich ungerecht behandelt haben?
- Bescheidenheit: Muss ich meine erreichten Ziele immer mit allen teilen oder kann ich das, was ich erreicht habe, für sich sprechen lassen?
- Vorsicht: Was kann ich sagen oder tun, ohne dass ich es im Nachhinein bereuen werde?
- Selbstregulation: Wie kann ich das regulieren, was ich tue oder fühle?

6. *Tugend: sinngebende Charakterstärken*

- Sinn für das Schöne: Wo kann ich schöne Dinge in meinen verschiedenen Lebensbereichen sehen?
- Dankbarkeit: Wofür kann ich dankbar sein? Welchen Dingen oder Personen blicke ich wertschätzend entgegen?
- Hoffnung: Welche schönen Dinge werden mich im Leben erwarten? Was kann ich machen, um dies zu erreichen?
- Humor: Wie kann ich andere zum Lachen bringen? Welchen Humor schätze ich?
- Spiritualität und Religiosität: Welche Überzeugungen und Prinzipien verfolge ich in meinem Leben?

Dennoch sollte im Rahmen dieses Begriffs nicht vergessen werden, dass die positive Psychologie nicht das Negative im Leben ausblendet. Positiv in dem Sinne wird häufig missverstanden, obwohl es ursprünglich aus dem Lateinischen stammt (positum = das Tatsächliche). Mittels der positiven Psychologie soll somit vielmehr die Fähigkeit ausgebildet werden, den Blick auf das Ganze zu entwickeln. Jeder Mensch hat die Fähigkeit, psychisch krank zu werden und auch zu genesen. Während vielzählige psychologische

Verfahren eher auf die Vergangenheit fokussieren und diese bearbeiten, konzentriert sich die positive Psychologie auf die Zukunft. Es wird davon ausgegangen, dass jeder Mensch positive Fähigkeiten besitzt. Nur durch Balance kann jedoch garantiert werden, dass diese Fähigkeiten aufrechterhalten werden. Erleben von positiven Emotionen kann dann erlangt werden, wenn Genuss, Belohnungen bei Selbstverwirklichungen, die Ausübung von Stärken und Gebrauch derer erfahren werden.

Sofern Balance in den Lebensbereichen Körper, Leistung, Kontakte und Sinn gewährt wird, kann Positivität erreicht werden. Was ist ein gutes Leben? Empirische Daten zeigen, dass das Erleben von mehr positiven als negativen Emotionen, das Zeigen von Engagement, das Pflegen von positiven Beziehungen, das Einbringen für eine Gemeinschaft, Gesundheit und Sicherheit und der Einsatz von Stärken bzw. Talenten mit einem glücklichen Leben korreliert sind.

Andere Forschergruppen haben sich ebenfalls damit befasst, welche Faktoren zu einem guten Leben führen. Sie gehen von drei wesentlichen Säulen aus: das *vergnügliche Leben*, das *bedeutsame Leben* und das *engagierte Leben*. Die Säule des *vergnüglichen Lebens* konzentriert sich auf die Reduzierung von Schmerzen und Leiden, während Vergnügen und Freude gesteigert werden sollen. Das *bedeutsame Leben* bezieht sich hingegen auf die Sinngebung. Eigene Stärken und Talente sollen erkannt, ausgeübt und zugunsten eines Ziels eingebracht werden. Die dritte Säule des *engagierten Lebens* umfasst die aktive Haltung, während einer Lebensaufgabe nachgegangen wird. Manche Autoren sprechen hier auch von dem *Flow-Erleben*. Bei einer Tätigkeit, in der die eigenen Fähigkeiten eingesetzt werden, wird die Zeit vergessen und an nichts anderes mehr gedacht. Das Individuum erlebt in diesen Momenten ein hohes Maß an Zufriedenheit. Alle drei Säulen korrelieren hoch mit dem Erleben von Wohlbefinden und Positivität.

Das meistzitierte Forschungsergebnis in der positiven Psychologie stellt das sogenannte Tortendiagramm von Lyubomirsky dar. Die Glücksforscherin unterscheidet drei entscheidende Faktoren, um ein positives und erfülltes Leben führen zu können: die genetischen Voraussetzungen, das eigene Handeln und Denken und äußere Umstände (zum Beispiel das Wohnumfeld). Dabei werden die genetischen Voraussetzungen zu 50 % gewichtet, das Handeln und Denken zu 40 % und die äußeren Umstände zu 10 %.

Welche Fertigkeiten können wir erlernen, um ein glückliches und erfülltes Leben zu führen? Aber auch eben um unsere Widerstandskraft, die uns vor starken Rückschlägen und Schicksalsschlägen schützt, auszubilden? Zum einen ist es zunächst essenziell, sich den eigenen Emotionen bewusst zu werden. Die eigenen Gefühle erkennen, sie benennen und regulieren zu können. Hierbei ist die Impulskontrolle von großer Bedeutung. Nachdem die Gefühle erkannt wurden, sie von einer objektiven Perspektive zu betrachten und sich Zeit zu geben, diese einzuordnen.

An dieser Stelle ist es wichtig, Ruhe zu bewahren und Entscheidungen mit Gewissheit zu fällen. Eine weitere Fertigkeit, die hierbei bedeutsam ist, ist die des Optimismus. Nicht gleich das Ganze katastrophisierend zu betrachten und dafür positive Möglichkeiten erkennen zu können. Nachdem man sich einen Überblick über die Situation verschafft hat, sollte man eine Kausalanalyse durchführen, in der man die Probleme aus allen möglichen Blickwinkeln betrachtet. Beziehungen, die einem helfen können und guttun, können dabei unterstützend wirken.

Um eine gute Beziehung zu anderen Menschen führen zu können, sollte man Mitgefühl und Verständnis erwerben. Am wichtigsten ist jedoch die Ausbildung von Selbstvertrauen, sowie die eigenen Stärken zu erkennen und damit den eigenen Problemen begegnen. Auch wenn Misserfolge damit verbunden sind, ist es von Vorteil, die Hand auszustrecken. Im metaphorischen Sinne bedeutet dies, neue Dinge zu entdecken und somit neue Lösungen zu probieren. Worin unterscheiden sich Menschen mit einem manifestierten positiven Denkmuster von denen, die viel Negativität erleben? Auch hier gilt zu betonen: Positive Denkmuster sind nicht damit korreliert, dass keine negativen Erfahrungen mehr erlebt werden. Positiv denkende Menschen haben auch ihre Schicksalsschläge im Leben, aber sie schaffen es, sich selbst wieder aufzufangen und nicht in der Negativität zu versinken. Ihre Gedanken sind optimistisch gestimmt, während die der „Unglücklichen" eher katastrophisierend sind. Ihre Blickrichtung hält sich eher an den Verletzungen der letzten Monate oder Jahre in der Vergangenheit fest. Menschen mit einem positiven Denkmuster orientieren sich hingegen an der Zukunft.

Es bedeutet nicht immer, dass es schlecht ist, sich an die Vergangenheit zu erinnern. Es kommt jedoch auf den Kontext an. Im Rahmen einer Beziehung kann es sinnvoll sein, sich an schönen Momenten in der Vergangenheit festzuhalten. Besonders in Krisenzeiten, in denen an der Beziehung gezweifelt wird. Im Beruf ist es jedoch für den eigenen Selbstwert sinnvoller, sich auf zukünftige Erlebnisse zu konzentrieren. Menschen mit einem positiven Denkmuster fokussieren ihre eigenen Stärken anstatt der Schwächen, die wir alle haben. Positive Momente und Erfahrungen sind bei ihnen salienter als die negativen.

Nach den Glücksforschern Peterson und Park gibt es drei Kategorien von Glück: *kurzfristiges Vergnügen*, *Eudämonie* und *Flow*. Positiv Denkende erkennen anhand dieser Kategorien, was sie in ihrem Alltag glücklich macht. Es ist nicht so, dass negativ Denkende nicht auch diese Formen von Glück in ihrem Leben erleben. Der große Unterschied ist jedoch, dass sie es häufig nicht wahrnehmen, da sie mit ihrem Gedankenkarussell beschäftigt sind. *Kurzfristige Vergnügen* sind offensichtlich von kurzer Dauer, bereiten dennoch eine große Freude. Beispielsweise scheint der Weg zur Arbeit stupide. Ein *kurzfristiges Vergnügen* könnte hier das Hören der Lieblingsmusik sein. Die *Eudämonie* beschreibt einen inneren Zustand, der in uns Glücksgefühle hervorruft.

Ein Lob des Chefs oder ein Kompliment der Freundin können diesen Zustand auslösen. Es erzeugt in uns manchmal über Stunden oder sogar Tage ein starkes Wohlbefinden. Wie bereits zuvor beschrieben, ist das *Flow-Erleben* Teil des Glückserlebens. Das Aufgehen in einer von uns gewählten Aufgabe und die Zeit dabei vergessen. Das können Projekte in der Freizeit (wie das Bauen einer Gartenhütte) oder auch bei der Arbeit sein. Damit wir einen *Flow* erleben, müssen die Anforderung der Aufgabe mit unseren eigenen Fertigkeiten grob abgestimmt sein.

Wie bereits oben beschrieben, sind Beziehungen zu anderen Menschen fundamental, um ein positives Erleben hervorzurufen. Menschen sind von Natur aus nicht altruistisch. Anderen eine Freude zu bereiten, kann natürlich eine gebende Geste sein. Trotzdem erzeugt es auch in den Gebenden ein Gefühl von Freude und Geborgenheit. Die Gelegenheiten im Alltag sind zahlreich. Das kann das Vorlassen in der Bäckerei, dem Sitznachbarn im Café ein Kompliment machen oder dem Kellner Trinkgeld geben sein.

In welchen Denkstrukturen sehen Sie sich selbst? Was bedeutet Glück für Sie? Es muss nicht wissenschaftlich formuliert sein. Überlegen Sie ganz für sich, wie Sie Glück definieren würden. Können Sie zu den obigen Konstrukten Bezug nehmen? Können Sie sich daran erinnern, wann bei Ihnen zuletzt ein Flow-Erleben aufgetreten ist? Welche Situation oder Aktivität haben dazu geführt?

Kapitel 7: Positive körperliche Gesundheit

BIOLOGISCHE AUSWIRKUNGEN DES POSITIVEN MINDSETS

Im Rahmen der positiven Psychologie gibt es Studien zu der Auswirkung von Lachen. Eine bekannte Übung ist die folgende: Stellen Sie sich vor einen Spiegel und ziehen Sie Ihre Mundwinkel nach oben. Nun zählen Sie gedanklich bis zehn. Schauen Sie sich genau an. Was können Sie sehen? Wo lachen Sie? Um die Augen herum? Es zeigte sich, dass die Gruppe, die diese Übung regelmäßig durchführte, signifikante Veränderungen in der Gesundheit aufwies.

Die Sauerstoffversorgung des Gehirns verbesserte sich durch die bewusstere Atmung. Glückshormone, wie Dopamin und körpereigene schmerzstillende Substanzen, wie Opioide wurden vermehrt freigesetzt. Die Probanden erlebten weniger Stress und konnten besser mit ihm umgehen. Des Weiteren konnte man eine Aktivierung des Kreislaufs feststellen. Das Immunsystem verbesserte sich ebenfalls. Das Traurige ist, dass Erwachsene häufig zu wenig lachen. Als Kinder fällt es uns viel leichter, über Kleinigkeiten zu lachen. Im Durchschnitt lachen Kinder fast dreißigmal häufiger als Erwachsene.

Forscher untersuchen weiterhin die Auswirkungen von positivem Denken und Optimismus auf die Gesundheit. Zu den gesundheitlichen Vorteilen, die positives Denken bieten kann, gehören: erhöhte Lebensdauer, niedrigere Depressionsraten, geringere Belastungen, höhere Resistenz gegen Erkältung, besseres psychisches und körperliches Wohlbefinden, bessere Herz-Kreislauf-Gesundheit, geringeres Sterberisiko durch Herz-Kreislauf-Erkrankungen und bessere Bewältigungsfähigkeiten in schwierigen und stressigen Zeiten. Studien haben einen unbestreitbaren

Zusammenhang zwischen einer positiven Einstellung und gesundheitlichen Vorteilen wie niedrigerem Blutdruck, besserer Gewichtskontrolle und einem gesünderen Blutzuckerspiegel gezeigt. Auch bei unheilbaren Krankheiten können positive Gefühle und Gedanken die Lebensqualität enorm verbessern. Harpham, eine in Dallas ansässige Autorin mehrerer Bücher für Menschen mit Krebs, darunter „Happiness in a Storm", war praktizierende Internistin. Im Alter von 27 Jahren erfuhr sie, dass sie an dem Non-Hodgkin-Lymphom, einer Krebserkrankung des Immunsystems, erkrankt war.

In den nachfolgenden 15 Jahren hatte sie acht Rückfälle in ihrer Krebserkrankung erlebt. Doch das hielt sie nicht davon ab, Glück und Hoffnung in ihrem Leben zu schaffen, indem sie sich mit Menschen umgab, die ihre Stimmung positiv beeinflussten, indem sie ein tägliches Dankbarkeitstagebuch führte, jemandem etwas Gutes tat und lustige, erhebende Filme schaute. Ihr Krebs ist jetzt seit 12 Jahren in Remission.

Es ist noch immer nicht ganz ersichtlich, warum Menschen, die positiv denken, diese gesundheitlichen Vorteile erfahren. Eine Theorie besagt, dass eine positive Einstellung ihnen ermöglicht, besser mit Stresssituationen umzugehen, was die schädlichen gesundheitlichen Auswirkungen von Stress auf den Körper reduziert. Positive Denker kommen mit stressigen Lebensphasen besser zurecht als pessimistisch Denkende. Anstatt an ihren Frustrationen oder Dingen festzuhalten, die sie nicht kontrollieren können, entwickeln sie einen Plan und fragen andere nach Tipps oder Ratschlägen. Pessimistisch Denkende hingegen gehen einfach davon aus, dass die Situation nicht in ihren Händen liegt und sie diese nicht ändern können. Positiv gestimmte Menschen sind häufiger resilienter.

Resilienz bezieht sich auf unsere Fähigkeit, wie mit Problemen und Herausforderungen umgegangen wird. Resiliente Menschen erkennen ihr Potenzial, Krisen oder Traumata mit ihren Stärken und Durchhaltevermögen zu begegnen. Anstatt an dem *Stressor* zu scheitern, haben sie das Potenzial, sich solchen Herausforderungen zu stellen und schließlich zu überwinden. Es mag nicht überraschend sein zu hören, dass positives Denken für die

Entwicklung und Beständigkeit von Resilienz fundamental ist. Steht eine Herausforderung bevor, checken Optimisten in der Regel, was in ihren Händen liegt, um das Problem zu beheben. Sie geben nicht zu Beginn auf, sondern überprüfen ihre Ressourcen und sind bereit, andere um Hilfe zu fragen. Forscher betonen ebenso, dass positive Gedanken und Emotionen nach einer Krise, wie einem traumatischen Ereignis oder einem Todesfall, die Genesung fördern und bei resilienten Menschen eine Art Schutzmauer gegen Depressionen und Traumata darstellen.

In den letzten Jahren war immer wieder im Gespräch, dass der mentale Zustand einen starken Einfluss auf den Körper ausübt. Besonders die Immunität wird durch Gedanken und Einstellungen besonders beeinflusst. Mittels Studien fanden Forscher heraus, dass aktivierte Gehirnbereiche, die mit negativen Emotionen verbunden sind, mit einer schwächeren Immunantwort auf einen Grippeimpfstoff resultierten.

Die Forschergruppe Segerstrom und Sephton fand heraus, dass optimistische Menschen in Bezug auf einen bestimmten und wichtigen Teil ihres Lebens, beispielsweise ihre Leistungen im Beruf, eine stärkere Immunantwort zeigten als diejenigen, die die Situation pessimistisch betrachteten. Es wird außerdem angenommen, dass positive und optimistische Menschen zu einem gesünderen Lebensstil neigen – sie bewegen sich mehr, ernähren sich gesünder, rauchen nicht und trinken keinen übermäßigen Alkohol.

Auch wenn positives Denken für Sie nicht immer intuitiv ist, hat es zahlreiche Vorteile, positive Gedanken zu etablieren und negative Selbstgespräche zu minimieren. Zum Glück glauben Experten daran, dass positives Denken und eine solche Resilienz etabliert werden können. In früheren Forschungen an der University of California, San Francisco, fanden Forscher heraus, dass Menschen mit einer frischen HIV-Diagnose, die regelmäßig Übungen praktizierten, die Positivität förderten (jeden Tag ein positives Erlebnis erkennen und niederschreiben, ein Dankbarkeitstagebuch führen, persönliche Stärken auflisten etc.), eine geringere Viruslast trugen, ihre Medikamente eher richtig einnahmen und seltener Antidepressiva benötigten, um mit ihrer Krankheit fertigzuwerden. In einer anderen Studie mit 49 Patienten mit Typ-2-Diabetes erwies sich ein online Trainingskurs für positive Emotionen als wirksam, um die eigene Positivität zu verbessern und negative Emotionen und Stressgefühle zu reduzieren. Frühere Studien zeigten, dass bei Menschen mit Diabetes positive Gefühle mit einer besseren Kontrolle des Blutzuckers, einer Steigerung der körperlichen Aktivität und einer gesunden Ernährung, einem geringeren Tabakkonsum und einem geringeren Sterberisiko verbunden waren.

Auch hatten Menschen mit einer positiven Einstellung zum Altern einen niedrigeren Gehalt an C-reaktivem Protein - einem Marker für stressbedingte Entzündungen im Zusammenhang mit Herzerkrankungen und anderen Krankheiten - selbst nach Berücksichtigung möglicher Einflüsse wie Alter, Gesundheitszustand, Geschlecht, Herkunft und Bildung, als diejenigen mit einer negativen Einstellung. Sie lebten auch deutlich länger. Durch die Pflege positiver Emotionen können Menschen selbst angesichts schrecklicher Ereignisse Stress bewältigen, das Risiko, an Depressionen zu erkranken, minimieren und Bewältigungsstrategien aufbauen, die ihnen in der Zukunft gute Dienste leisten.

BEWEGUNG

Für das Erleben von Positivität sind drei Bausteine essenziell: Ernährung, mentales Wohlbefinden und Bewegung. Alle drei Bausteine sollten in Einklang sein. Sarden beispielsweise sehen es für selbstverständlich, sich den ganzen Tag an der frischen Luft zu bewegen.

Allein der Weg zur Kirche stellt eine körperliche Herausforderung in Árzana, einem sardischen Dörfchen, dar. Viele Treppen und ein paar Höhenmeter machen den sardischen Bewohnern jedoch nichts aus. Von klein an haben sie gelernt, dass man nur satt wird, wenn man harte Arbeit leistet. In aller Frühe stehen die Menschen in dem kleinen Dörfchen auf, um Schafe zu melken und danach einen kleinen Fußmarsch zum nächsten Dorf zu bewältigen. Stress wird vermieden. Die frische Luft und die Bewegung zu früher Stunde klären den Geist. Der Puls erhöht sich und der Zellstoffwechsel wird angeregt. Das biologische Alter spielt in dem kleinen Dorf keine Rolle. Bis ins hohe Alter werden lange Strecken zurückgelegt. Studien zeigten, dass die Bewohner starke Knochen und kräftige Muskeln aufwiesen. Besonders die Frauen in Árzana kommen selten zur Ruhe. Noch lange betreuen sie die Enkelkinder, kochen, putzen, arbeiten auf dem Hof und folgen dem Rhythmus der Natur.

In unserer modernen Welt arbeiten wir häufig mehr, als gut ist, und überlasten uns. Wir finden keine Balance zwischen Ruhe und Aktivität. Abends, wenn wir von der Arbeit kommen, die doch zumeist sitzend verläuft, fallen wir nur noch ins Bett. Wir sind bewegungsfaul und wollen nur noch entspannen. Doch gerade die Bewegung spielt eine immense Rolle für unsere mentale und physische Balance. Bewegung wirkt wie ein mittelschweres Antidepressivum.

In einer Studie aus San Diego mit 142.000 Teilnehmern zeigte sich, dass es Depressiven und Angstpatienten durch Sport deutlich besser ging. Während wir Sport treiben, werden unzählige Hormone freigesetzt, die unser Gehirn in Glücksmomente versetzen. Besonders der Serotoninspiegel und das Wachstum von Nervenzellen im limbischen System, das Zentrum unserer Emotionen, stieg. Serotonin reguliert unsere Impulse, unseren Appetit und unsere Stimmung. Die Wirkung von Sport ist vergleichbar mit einer Psycho- oder Pharmakotherapie. Grundmechanismen sind hierbei die *positive Verstärkung* und Selbstwerterhöhung.

Darüber hinaus kann Sport die eigene *Resilienz* gegenüber psychosozialem Stress steigern. Studien zeigten, dass die Ausschüttung des Stresshormons Cortisol in stressigen Situationen geringer war, wenn die Probanden regelmäßig Sport trieben. Sport kann nicht nur sinnstiftend sein und unsere sozialen Kompetenzen durch das verbesserte Selbstwertgefühl steigern, sondern auch unser Stresserleben reduzieren.

Vier Formen von Bewegung sind dabei fundamental: Ausdauer, Kraft, Beweglichkeit und Koordination. Ausdauersport wie Fahrradfahren, Joggen oder Schwimmen treiben den Puls und die Herzrate hoch. Über einen gewissen Zeitraum (mindestens 20 Minuten) wird dem Muskel genug sauerstoffreiches Blut geboten. Neben dem Herz-Kreislauf-System wird auch das Immunsystem gestärkt.

Bewegung sollte stets Baustein des alltäglichen Lebens sein. Vermeiden Sie die Strecken mit dem Auto oder den öffentlichen Verkehrsmitteln. Sparen Sie sich beispielsweise die unnötige Zeit an Bushaltestellen, um auf den Bus zu warten. In der Zeit können Sie Ihrer Gesundheit etwas Gutes tun und zur nächsten Haltestelle laufen. Nutzen Sie die Treppe anstelle des Aufzugs. Nehmen Sie für den Hinweg zur Arbeit das Transportmittel und für den Rückweg widmen Sie sich einem Spaziergang. Es hat nicht nur gesundheitliche positive Konsequenzen, sondern fördert auch die mentale Gesundheit. In diesen Minuten können Sie sich nur auf sich fokussieren, müssen niemandem gerecht werden. Versuchen Sie, täglich ein Pensum von 10.000 Schritten zu erreichen. Kleine Taten können schon viel bewirken.

Krafttraining in Form von gezieltem Muskeltraining erfordert vom Körper, seine Muskeln mit Gewichten zu bewegen. Nicht nur der gesamte Kreislauf ist im Krafttraining involviert, sondern auch das zentrale Nervensystem. Es schützt vor Muskelschwund und wirkt vorbeugend gegen altersbedingte Erkrankungen wie Osteoporose, Arthrose oder Bluthochdruck. Ein schöner Nebeneffekt ist die Beweglichkeit der Gelenke und die Gefahr von Verletzungen wird geringer.

Außerdem stimmt Krafttraining unsere Psyche positiv: Wir fühlen uns stärker und selbstbewusster im Alter. Bewegung erhöht unser Selbstwertgefühl und stimmt uns optimistisch. Suchen Sie sich einen Sportverein und nutzen Sie das vielfältige Angebot von Rückenschulen bis Tanzstunden. Trainings von 30 Minuten, etwa zweimal die Woche, genügen häufig. Beweglichkeit der Gelenke schützen uns vor Verletzungen. Dabei ist dieser Baustein besonders im Alter relevant, um unsere Sicherheit im Alltag zu steigern. Wer sich nicht bewegt, beziehungsweise dehnt, rostet ein und wird steif. Der Körper fängt folglich an zu schmerzen und das Bindegewebe wird schlaff. Integrieren wir kleine Dehnübungen in unser tägliches Leben, so bleibt uns dies erspart und die Durchblutung der Gelenkkapseln wird gefördert. Zudem ist durch das Wechselspiel von Druck und Entlastung, das bei der Dehnung stattfindet, die Produktion von genügend Gelenkflüssigkeit gegeben.

Diese schützt die Gelenke und macht sie geschmeidig. Übungen wie Yoga, die später noch einmal ausführlicher erläutert werden, sind hierfür geeignet. Aber auch die Zeit beim Fernsehen oder die Mittagspause bei der Arbeit können wunderbar für kleine Dehnübungen genutzt werden. Es genügen bereits zehn Minuten am Tag. Sie werden merken, dass Sie sich nicht nur körperlich besser entspannen können, sondern auch geistig. Bei allen sportlichen Tätigkeiten spielt auch die Koordination eine Rolle. Vor allem die Hand-Augen-Koordination, die zum Werfen eines Balles notwendig ist, ist von großer Bedeutung.

Es ist ein Zusammenspiel von Muskelkraft und Gehirnfunktionen, das benötigt wird. Das in vielen Nationen täglich praktizierte Tanzen ist eine gute Übung, um die Koordinationsfähigkeit zu trainieren. Doch gerade in der westlichen Welt tanzen wir weniger. Salsa- oder Zumbakurse werden dafür aber häufig in Städten angeboten. Es ist nicht nur eine großartige Möglichkeit, alle Emotionen rauszulassen, sondern auch eine Gelegenheit, neue soziale Kontakte zu finden.

Wer eine gute Koordination besitzt, kann nicht nur lange Freude in der Bewegung finden, sondern fordert zugleich seine kognitiven Leistungsfähigkeiten. Das Konzentrationsvermögen, die Reaktionsfähigkeit und die Auffassungsgabe werden durch regelmäßige körperliche Aktivität konstant gehalten. Wer sich kognitiv gefordert fühlt und Abstand zu seinen Gedanken nehmen kann, erlebt häufiger Positivität.

SCHLAF

Schlaf ist wichtig für unser Wohlbefinden und gilt als eine der drei Säulen für ein gesundes Leben. Sogar ein paar Tage Schlafentzug können sich auf unsere Konzentrationsfähigkeit, unsere Stimmung und unser Gedächtnis auswirken. Chronische Schlafstörungen sind mit Fettleibigkeit, Diabetes und Bluthochdruck verbunden. Besonders bei jungen Menschen zeigen sich Auffälligkeiten in ihrem Schlafverhalten.

Über 60 % der Studierenden der Midwestern Universität berichteten von schlechter Schlafqualität, variierender Schlaf- und Aufstehzeit und Einnahme rezeptfreier Schlafmedikamente. Viele von diesen Studierenden wiesen mehr Probleme im physischen und psychischen Wohlbefinden auf als Studierende mit guter Schlafqualität. Analysen ergaben, dass die Mehrzahl Stress und erhöhte Anspannung erlebten. Des Weiteren ist Schlafentzug bei jungen Menschen weitverbreitet und wurde sowohl mit schlechten beruflichen Leistungen als auch mit körperlichen Funktionsstörungen in Verbindung gebracht.

Eine Studie mit 191 teilnehmenden Bachelor-Studierenden an einer US-amerikanischen Universität untermalte die Annahme, dass die meisten Studierenden unter Schlafstörungen leiden. Frauen waren dabei stärker betroffen als Männer. Die Befunde einer Studie ergaben, dass sich akuter Schlafentzug bei jungen gesunden Menschen auf die körperliche, aber nicht auf die kognitive Fähigkeit auswirken kann. Im Besonderen zeigten die an der Studie teilnehmenden Studierenden eine verlangsamte Reaktionszeit und verminderte vaskuläre Reaktion, was bedeutet, dass sich die Blutgefäße bspw. bei einer Verletzung schlechter regenerieren können.

Ferner wurde in anderen Studien untersucht, ob Messungen von Gesundheit, Wohlbefinden und Müdigkeit eher mit Schlafqualität oder Schlafquantität zusammenhängen. In zwei Studien führten die Probanden ein 7-Tage-Schlafprotokoll durch, gefolgt von einer Reihe von Umfragen zu Gesundheit, Wohlbefinden und Schläfrigkeit. Es hat sich gezeigt, dass

Gesundheit, Beeinträchtigung des Gleichgewichts und Zufriedenheit mit dem Leben einerseits, sowie Gefühle von Spannung, Depression, Wut, Müdigkeit und Verwirrung andererseits eher durch die Schlafqualität als durch die durchschnittliche Schlafdauer beeinflusst werden.

Besonders im digitalen Zeitalter stellt sich nun die Frage, inwiefern die Nutzung von Medien einen Einfluss auf unsere Schlafqualität hat. Drei von vier jungen Menschen schlafen schlecht und vor allem die Handynutzung scheint einen negativen Einfluss auf die Schlafqualität zu haben. Neben der Mediennutzung spielt auch die Bewegung, die oft im Alltag von leistungsfähigen Menschen zu kurz kommt, eine bedeutsame Rolle. Vielen Menschen gelingt es nicht, sich ausreichend zu bewegen.

Der Tag wird häufig damit verbracht, Leistungen für die Arbeit zu erbringen, und am Abend präferieren die meisten, sich mit Freunden zu treffen oder einen Abend auf der Couch zu verbringen. Dabei gehen sowohl Wissenschaftler als auch die breite Öffentlichkeit davon aus, dass körperliche Aktivität ein wirksamer, nicht-pharmakologischer Ansatz zur Verbesserung der Schlafqualität darstellt. Forschergruppen untermauerten diese Meinung durch eine Studie, deren Ergebnisse zeigen, dass Jugendliche, die Sport betreiben, länger schlafen, nachts seltener aufwachen und von einer höheren Schlafqualität berichteten. Wer abends vor allem physisch erschöpft zu Bett geht, kann mit höherer Wahrscheinlichkeit schneller einschlafen.

Aber auch Achtsamkeit wird für den Einzelnen immer mehr von Bedeutung. Der Trend geht gen Entschleunigung des Alltags. An dieser Stelle empfiehlt sich die Achtsamkeit auch im Rahmen der Schlafhygiene. Eine Forschergruppe verglich zwei Wochen eine Dankbarkeitsintervention mit einer aktiven Kontrolle (Berichterstattung über alltägliche Ereignisse) und einer Kontrollgruppe. Bei denjenigen, die täglich ihre Dankbarkeit notierten, senkte sich ihr Blutdruck und steigerte sich ihr Wohlbefinden, Optimismus und Schlafqualität. Demnach könnte ein tägliches Reflektieren am Abend oder am Morgen kurz nach dem Erwachen eine Möglichkeit darstellen, achtsamer mit sich im Alltag umzugehen. An dieser Stelle sind die Zeiten der Achtsamkeitseinheiten zu betonen, denn besonders die Zeiten vor und nach dem Schlaf sind fundamental für den Schlaf. Es zeigte sich, dass die Beziehung zwischen Dankbarkeit und Schlafqualität bzw. -quantität durch positivere „Vor-Schlaf-Gedanken" bzw. weniger negative „Vor-Schlaf-Gedanken" vermittelt wird.

Folgende Tools sollen dazu anregen, die eigenen Schlafgewohnheiten zu ändern:

- Habit Tracker: War ich vor dem Einschlafen noch am Handy? Habe ich gut geschlafen? Ja/Nein?
- Meditationsapp, z. B.: Breathe, headspace etc. (kostenlos)
- Analog Wecker aufstellen, z. B. mit integriertem Licht
- Bewegungseinheit vor dem Schlafen und am Tag einbauen, z. B. Ziel, 10 000 Schritte am Tag zu laufen
- Zeitraum festlegen, wann Schlafenszeit ist (2h-Zeitfenster) & wann man aufsteht, z. B. zwischen 22 und 24 Uhr; bester Schlaf vor 24 Uhr
- Blatt Papier mit all seinen Gedanken vor dem Schlafengehen verfassen
- Kaffee nach 16 Uhr vermeiden
- Zehn Minuten lüften, bevor man schlafen geht
- am Abend und am Morgen drei Dinge aufschreiben, für die man dankbar ist

Kapitel 8: Meditative Techniken im Alltag

Welche meditativen Techniken existieren? Kann die Wirksamkeit dieser Verfahren wissenschaftlich bestätigt werden und wenn ja, auf welche Art und Weise entfaltet sich deren Wirkung? Diesen Fragestellungen soll sich das folgende Kapitel widmen. Untergliedert werden können die meditativen Techniken etwa in Achtsamkeit, Meditation und Yoga. Es wird ein genauerer Blick auf die Wirkungsweisen dieser Techniken, insbesondere auf die Kognition, geworfen.

ACHTSAMKEIT

Ursprung

Dem Begriff der Achtsamkeit begegnen wir in unserem Alltag immer öfter. Sei es in Zeitschriften oder in Büchern, die der Suche nach dem Glück nachgehen. Besonders im Rahmen der Psychotherapie werden achtsamkeitsbasierte Techniken integriert. Achtsamkeit fördert demnach die mentale Gesundheit, die wiederum die körperliche beeinflusst. Hinter dem Begriff Achtsamkeit verbirgt sich also eine bewusste Wahrnehmung der körpereigenen Signale. Zum einen können es die körperlichen Signale sein, wie zum Beispiel, die einzelnen Muskeln zu spüren.

Der Fokus liegt hier hauptsächlich in dem bewussten Wahrnehmen und im „In-sich-Gehen". Das Bewerten der Handlungen und der eigenen Gedanken soll dabei in Vergessenheit geraten. In dem Moment der Ruhe sollen also Sorgen, Ängste und Erinnerungen an bestimmte Erlebnisse ausgeschaltet werden. Das Besondere an dieser Technik ist das leichte Erlernen. Achtsamkeit ist eine leicht zugängliche Methode. Weder das soziale Umfeld der Person noch Intelligenzniveau spielen in der achtsamkeitsbasierten Praxis eine Rolle.

Ursprünglich stammt die Idee der Achtsamkeit aus dem Buddhismus. Buddha benutzt sie in jeglichen Schriften auf Hindi unter dem Begriff „Sati“. Dabei unterteilt er Achtsamkeit in vier Aspekte:

1. Die Achtsamkeit auf die Physis. Dazu gehören die Atmung, die Körperhaltung, die Grundbedürfnisse wie die Nahrungsaufnahme oder der Toilettengang. Nur so wird es uns möglich gemacht, auf die Signale des Körpers zu hören.
2. Die Achtsamkeit auf die Emotionen. Hier zählt auch Ihre Einschätzung, also ob sie angenehm, unangenehm oder neutral empfunden werden. Toxische und tief verwurzelte Gedankenmuster können anhand dessen erkannt und eliminiert werden.
3. Die Achtsamkeit auf das Gemüt und jegliche Veränderungen des eigenen Zustands. So gelingt es dem Individuum, mit sich selbst wachsam zu sein und sich nicht in der Macht der Gewohnheiten zu verlieren. Ziel ist es, das eigene Leben bewusster zu gestalten.
4. Die Achtsamkeit auf die mentalen Objekte in verschiedenen Formen, wie zum Beispiel Personen, Objekte oder auch Gedanken. Sprich, das Bewusstsein und die Wahrnehmung für alle Reize, die in dem Moment der Ruhe wahrgenommen werden. Dieser Augenblick voller Konzentration und reinem Bewusstsein ist eine Form der Achtsamkeit. So kann verhindert werden, dass andere Gegenstände wie das Handy oder andere Personen die eigene Energie absorbieren, die das Individuum vom bewussten Leben abhalten.

Was den Buddhismus dazu leitet, Achtsamkeit in die tägliche Praxis zu integrieren, wird durch seine Lehre deutlich. Diese beruht auf den vier Wahrheiten, die ihren Fokus auf das Leiden setzen. Damit ist nicht das Leid als Schmerz gemeint, sondern das Gefühl der Unbefriedigung. Dieses Gefühl hält das Individuum – laut der buddhistischen Lehre – davon ab, das Glück zu erreichen. Die Wahrheiten dienen somit zur Durchsicht des gegenwärtigen Lebens und dessen Bewältigung. Die erste Wahrheit besagt, dass alle Wesen Leiden haben. Leiden kann drei Facetten haben: das Leid des Leidens, das Leid der Veränderung und das Leid der Bedingtheit. Diese drei Formen des Leidens spiegeln alle eine mangelnde Akzeptanz der Umstände wider. Deren Ursache liege – laut der zweiten Wahrheit – in der Begierde und der Gier. Damit gemeint ist, dass beispielsweise beim Verfehlen von Reichtum, Verlangen, Leidenschaft und Streben nach Ansehen ein Leiden erzeugt werden kann.

Dieses Leiden ist somit vom Menschen selbst verursacht und hindert ihn daran, glücklich zu leben. Die dritte Weisheit besagt jedoch, dass das Leiden auch erloschen werden kann, indem die Ursache behoben wird. In der buddhistischen Lehre geht man davon aus, dass durch Ursachenbekämpfung, also durch beispielsweise das Aufgeben des Begehrens, nur gute Konsequenzen folgen können. Es wird demnach davon ausgegangen, dass Karma vermieden werden kann, indem man gute Taten vorzieht. Während man also diese Ursache aus dem Leben schafft, geht man einen Weg, den sogenannten Edlen Achtfachen Pfad. Dieser Pfad der Selbstkontrolle und der Suche nach Balance macht demnach die vierte Wahrheit aus.

Dieser berühmte Pfad gliedert sich in acht Segmente, die immer einer von drei Gruppen zugeordnet sind. Den Gruppen zugehörig sind die Aspekte Weisheit, Sittlichkeit und Vertiefung. Die Erkenntnis, dass der Buddhismus, und der Edle Achtfache Pfad inbegriffen, das Ziel des Glücks erreichbar machen, und die Absicht, niemanden schaden zu wollen und den Frieden mit seinen Mitmenschen zu suchen, sind die Basis der Gruppe Weisheit.

Die Rede ist das Fundament dessen, wie man den Mitmenschen begegnen kann und sollte deshalb – nach der Lehre des Buddhismus – so verwendet werden, dass sie niemandem schadet und frei von Lüge ist. Die Rede ist somit neben dem Handeln und dem Lebenswandel Teil der Gruppe Sittlichkeit. Das Handeln sollte stets ohne Schaden für Mitmenschen erfolgen, mit anderen Worten sollte es ohne Gewaltanwendung, ohne jegliche Formen von Aggressionen und immer fair sein. Unter Lebenswandel ist zu verstehen, dass das Individuum sich einen Beruf suchen sollte, der nur das Wohlbefinden des Umfelds steigert und nicht im Gegenteil reduziert. Es sollte also kein Beruf sein, der Waffen oder schädliche Substanzen verwendet, um seine Ziele zu erreichen.

Das Streben, das in dem eigenen Willen, in der Begierde und in der Regulation negativer Emotionen repräsentiert ist, bildet unter anderem die dritte Gruppe der Vertiefung. Daneben existiert, wie zuvor schon genannt, der Aspekt der Achtsamkeit. Den dritten Part dieser Gruppe übernimmt der sich der Achtsamkeit ähnelnde Aspekt der Sammlung, der den Zustand beschreibt, in dem sich das Individuum mental ordnet, also jegliche Gedanken und Gefühle kontrolliert und sozusagen reorganisiert.

In dem Pfad der Achtsamkeit wird darauf eingegangen, dass das Leben voller Dynamik ist und der Lauf des Lebens nicht immer in unserer Kontrolle liegt. Tagtäglich ändern sich Umstände und somit auch unsere Erwartungen an das Leben. Genau da setzt auch die Achtsamkeit an, denn sie macht es möglich, mit diesen Veränderungen umgehen zu können. Sie geht weiterhin darauf ein, dass das Leben einer Leidhaftigkeit unterworfen ist und somit die Existenz des Menschen mit einem Gefühl des Leids einhergeht.

Die Annahme, dass ein Mensch unveränderlich ist, verwirft der Buddhismus. Er geht viel mehr davon aus, dass der Mensch sich abhängig von Situationen und sozialem Umfeld verändern kann und somit auch seinen Geist. Dieses Privileg nutzt auch die Achtsamkeit und versucht, einen Umgang mit nicht erfüllten Erwartungen zu lehren. Es geht also weniger um die Veränderung der Zustände, sondern vielmehr um die Akzeptanz, dass Erlebnisse entgegen der eigenen Erwartung auftauchen. Die Achtsamkeitslehre ist somit darauf bedacht, dem Individuum das *Hier und Jetzt* zu gewähren und seine Gedanken über Vergangenheit oder Zukunft auszublenden, im *Hier und Jetzt* samt aller Gedanken und Emotionen. Analog dazu gehören das Mitgefühl und die Mitfreude, die man sich selbst und seinen

Mitmenschen schenken sollte. Die Konzentration fällt auf die Präsenz des Seins und äußert sich in einfachen Zuständen wie der Atmung. Die Atmung ist in der Lage, uns in die Gegenwart zu bringen. Nur so gelingt es dem Individuum, Distanz zu sich selbst aufzunehmen. Die so erzeugte Stille und der innere Frieden in uns machen es folglich möglich, alles Vergangene unter Einbeziehung der Mitmenschen von Geburt an bis zum jetzigen Zeitpunkt zu reflektieren.

Auch wenn es der Majorität der Gesellschaft schwerfällt, sich auf den Moment zu konzentrieren, ist es genau das, was zum Ziel führt. Das Unbehagen, das das Individuum im *Hier und Jetzt* verspürt, ist lediglich ein Ausdruck dafür, dass es in die Zukunftsgedanken fliehen möchte, um sich nicht mit der Gegenwart beschäftigen zu müssen.

Denn diese stellt aufgrund ihrer mangelnden Veränderbarkeit eine viel größere Herausforderung dar. Zukunftsgedanken sind aber paradoxerweise die viel schädlicheren Gedanken für das Individuum, da sie Angstzustände und Ungewissheit evozieren. In dem Moment wird es jedoch nicht erkannt, da davon ausgegangen wird, dass Zukunftsgedanken ein Gefühl der Kontrolle mit sich bringen. Dem ist es aber in Wahrheit nicht.

Auch der Gegenwartszustand ist nicht immer kontrollierbar, umso weniger die Vergangenheit. Das Ziel ist es aber auch nicht, Dinge kontrollierbar zu machen, sondern sie zu akzeptieren. Die Akzeptanz ist das Fundament der Achtsamkeit. Achtsamkeit scheint also mehr als nur eine Form von Meditation zu sein, sondern vielmehr ist es eine Haltung gegenüber dem Leben. Stress im Alltag ist unvermeidbar, aber Achtsamkeit kann Menschen begleiten, einen Umgang mit Stress auf eine gesunde, nicht toxische Weise zu finden.

Achtsamkeit ist ein Weg, um sich mit sich selbst und der eigenen Erfahrung anzufreunden.

-Jon Kabat-Zinn-

Ein großer Verfechter des buddhistischen Achtsamkeitskonzepts ist der vietnamesische Mönch Thich Nhat Hanh. Ihm ist es gelungen, die westliche Bevölkerung mit dem spirituellen Geist des Buddhismus zu verknüpfen und schafft es, die moderne Welt mehr in Einklang mit der Lehre zu bringen. Seine weltweit verbreiteten Klöster, die in Europa und in der USA vertreten sind, machen es möglich, der westlichen Zivilisation Achtsamkeit nahezubringen und ihr Leben in Balance zu bringen. Thich Nhat Hanh macht deutlich, dass das Glück in unseren Händen liegt und Achtsamkeit ein stetiger Begleiter dessen ist:

> Unsere Gier und unser Hass, unser Ärger und unsere Eifersucht und auch unsere Gewohnheitsenergien bedingen unsere Wahrnehmungen. Indem wir Achtsamkeit üben, unseren Geist sammeln und tiefes Schauen praktizieren, können wir Irrtümer in unseren Wahrnehmungen entdecken und uns von Angst und Anhalten befreien.

-Thich Nhat Hanh-

Auch seine Lehre manifestiert sich in der Energie der Achtsamkeit. In ihr sieht er das Potenzial, sich selbst zu beschützen und Emotionen kontrollieren zu können, um sich von toxischen Zuständen befreien zu können.

Grundelemente

Es existieren bereits viele Studien zu dem Thema Achtsamkeit. Einer der bekanntesten Wissenschaftler in der modernen Welt ist Jon Kabat-Zinn. Der Medizinprofessor gründete eine Stressreduktionsklinik und lehrte von Beginn an Achtsamkeitsmeditationen. Dort schaffte er ein Konzept, das zuvor nicht in der westlichen Medizin existierte: die Mindfulness-Based Stress Reduction (MBSR). Dieses Programm umfasst acht Wochen, in denen Yoga, Aufmerksamkeitsübungen und Achtsamkeitsmeditation gelehrt werden. Kabat-Zinn konzentriert sich auf den Zusammenhang zwischen körperlicher und psychischer Gesundheit, die bereits im Buddhismus gelehrt wurde, und integriert somit eine neue Perspektive in die klassische Medizin. Parallel zur spirituellen Lehre geht auch er davon aus, dass in der Praxis von Achtsamkeit bestimmte Grundhaltungen notwendig sind. Nur durch die Einhaltung dieser Weisheiten sei es möglich, sich weiterzuentwickeln und alte Gewohnheiten, die einen schädlichen Einfluss auf das eigene Befinden haben können, aus dem Leben zu entfernen. Folgende sind die acht Grundhaltungen der Achtsamkeit:

1. Frischer Augenblick. Viele Dinge sind durch Meinungen geprägt, sodass eine neutrale Perspektive auf Objekte oder Personen nicht möglich ist. Voreingenommene Ansichten können uns aber davon abhalten, Neues zu entdecken oder sich weiterzuentwickeln. Der Augenblick sollte vielmehr durch „Kinderaugen" wahrgenommen werden. Vollkommen unvoreingenommen und im gegenwärtigen Moment.
2. Keine Bewertung. Es klingt tatsächlich einfacher, als es ist. Egal, was Individuen sehen, fühlen oder hören, sie bewerten intuitiv. Dies ist ein automatischer Prozess, der benötigt wird, um Entscheidungen zu treffen. Ziel ist es, sich nicht darin zu verlieren. Deshalb ist es wichtig, manchmal innezuhalten und die eigene Bewertung wahrzunehmen. Man kann auch die Dinge, die um einen herum passieren, einfach feststellen, ohne sie sofort in die vorherigen Erfahrungen zu integrieren, die schließlich dann zu einer Bewertung führen können. Es geht also nicht darum, Objekte und Taten auszublenden, sondern sie einfach hinzunehmen, ohne jegliche urteilende Gedanken beizufügen.
3. Akzeptanz. Es ist ein sehr schwieriger und aktiver Prozess, Dinge so zu akzeptieren, wie das Leben uns sie gibt. Die Kunst liegt darin, Unerwartetes oder Unerwünschtes hinzunehmen und nicht weiter darüber nachzudenken, wie es hätte besser verlaufen können. Genau solche Gedankenmuster hindern uns nämlich dabei, uns weiterentwickeln zu können. Wir stagnieren, wenn wir uns darüber ärgern, wie die Dinge passiert sind, und Zeit vergeuden, unsere Wunschvorstellungen stattdessen zu

durchdenken. In der Akzeptanz liegt dagegen die Kraft, um sich vom Leiden zu befreien.

4. Sich freimachen von Dingen, die einen belasten und tagtäglich Energie rauben. Es müssen nicht unbedingt Objekte oder Menschen sein, sondern es können ebenfalls die eigenen Gedanken und Gefühle sein. Die Empfindungen, die Individuen darin hindern, offen für Neues zu sein und die eigene Perspektive einschränken. Wer es aber schafft, sich von all diesen Mustern freizumachen, kann viel erreichen. Nur durch das Loslassen gelingt es, Freiheit zu spüren. Beispielsweise klammern sich Individuen häufig an andere Individuen und verwenden ihre Energie darin, sie an sich selbst festzuhalten. Aus diesem Teufelskreis kann man nur entfliehen, wenn man sich von jeglichen Gefühlen und Gedanken freimacht, die mit der Person verbunden sind.

5. Geduld. Dies ist ein großes Thema, denn in einer Gesellschaft, wo alles immer schneller und besser verlaufen muss, ist Geduld ein vermeintlicher Widerspruch. Immer mehr vergessen Menschen, mit sich und anderen geduldig zu sein. Doch auch hier liegt eine der größten Kräfte. Verhalten oder Zustände können sich nicht von jetzt auf gleich verändern, denn sie benötigen Zeit. Der Prozess der Veränderung ist essenzieller, als angenommen wird, denn auch er kann viel in eigenem Wohlbefinden bewirken. Nur wer geduldig mit sich ist, wird große Veränderungen bemerken und sie zum Teil seines Lebens machen.

6. Vertrauen in sich und seine Mitmenschen. Manch einer gewinnt sofort Vertrauen in seine Mitmenschen, andere wiederum benötigen viel Zeit, um sich dem Gegenüber hinzugeben. Genauso funktioniert es auch mit dem Vertrauen in uns selbst. Das Vertrauen in uns selbst stellt jedoch eine Voraussetzung dar, dass wir anderen Vertrauen schenken.

7. Handeln ohne jeglichen Druck. Taten ohne jegliche Absicht scheinen für leistungsorientierte Individuen unvorstellbar. Warum sollte man etwas machen, was sinnlos und nicht zielführend ist? In einer Zeit, in der die

To-do-Listen immer länger werden, mag es unsinnig sein, einfach mal das Nichtstun zu genießen. Immer mehr Menschen fällt es schwer, sich von dem Gedanken zu verabschieden, dass sie unproduktiv sein dürfen. Aber lediglich der Leerlauf macht es realisierbar, Dinge zu reflektieren und somit unsere Effizienz zu steigern.

8. Dankbarkeit. Tagtäglich bedanken wir uns bei unseren Mitmenschen und es verläuft oftmals automatisch: sich bei der Verkäuferin für das Rückgeld, sich für das Offenhalten der Türe oder sich für ein Kompliment, das das Gegenüber ausgesprochen hat, bedanken. Es klingt sehr einfach, sich bei seinen Mitmenschen zu bedanken, aber verspürt man diese Leichtigkeit bei einem „Danke" an sich selbst? Es scheint so belanglos und selbstzentriert, doch es ist viel wichtiger, als angenommen wird. Der eigene Körper trägt uns Individuen jeden Tag durchs Leben und trotzdem schenken wir ihm viel zu selten eine Geste der Dankbarkeit. Es ist viel zu selbstverständlich geworden, dass wir alles schaffen und wir einfach so funktionieren. Die Vollkommenheit wird aber nur durch Liebe und Großzügigkeit sich selbst gegenüber erreicht.

In der Achtsamkeit geht es also um zwei grundlegende Mechanismen: die Selbstregulation und die innere Haltung. Das klingt zunächst abstrakt, aber eigentlich ist es ein sehr banales Konzept. Voraussetzung einer achtsamen Lebensweise ist, dass man seine eigenen Gefühle und Gedanken erkennt und sie regulieren kann. Die Aufmerksamkeit soll also weniger auf der Umwelt liegen, sondern vielmehr auf sich selbst. Was möchte mir mein Körper damit gerade sagen? Wie fühle ich mich gerade hier?

Zudem ist es essenziell, eine innere Haltung zu bewahren, die uns Energie gibt und nicht raubt. Dies erreicht man nur, wenn man sich selbst Liebe schenkt, mit sich geduldig ist und sich so akzeptiert, wie man ist. Dazu gehören auch die Aspekte der Empathie sich selbst gegenüber und der des Nicht-Bewertens. Wer friedlich mit sich selbst ist und sich nicht für Fehler verurteilt, kann es schaffen, positiv durch das Leben zu gehen. Das Konzept der Achtsamkeit ist also nicht unbedingt ein angeborener Mechanismus, sondern erlernbar. Gedankenmuster können verändert werden und die Achtsamkeit auf sich selbst geschult oder sogar verbessert werden. Es sollte weniger als eine Charaktereigenschaft betrachtet werden, sondern eher als eine Fähigkeit, die ausgebildet werden kann.

Man kann das Meer nicht beeinflussen. Man kann die Wellen nicht aufhalten, aber man kann surfen lernen. Surfen ohne Segel.

-Jon Kabat-Zinn-

MEDITATION

Ihre Wurzel hat die Meditation im religiösen Bereich und bis heute werden verschiedenste Meditationstechniken ausgeübt. Ziele können spirituelle Entwicklung und/oder das Erlangen einer tiefgehenden Selbsterkenntnis bis hin zur Erleuchtung sein. Allerdings werden religiöse Aspekte im psychologischen Kontext eher außer Acht gelassen. Vielmehr geht es hierbei um die Veränderung der eigenen Denkstrukturen als um das Erreichen spiritueller Ziele. Meditation ist ein klar formuliertes mentales Training und ist Grundvoraussetzung, um achtsam leben zu können.

Die Anzahl an Meditationsformen ist sehr weitläufig. Generell kann man Meditationsverfahren grob in zwei Kategorien unterteilen: konzentrative und rezeptive Formen. Während die konzentrative Form sich auf ein bestimmtes Objekt, wie beispielsweise auf die Atmung, konzentriert, lädt die rezeptive Form zu einem Verweilzustand ein, ohne dass ein bestimmtes Objekt fokussiert wird.

Der Meditierende ist bei der konzentrativen Meditationsmethode gefragt, sich einem auserwählten Objekt zu widmen, indem er die gesamte Aufmerksamkeit darauf richtet. Wenn ihm dies nicht gelingt und er abdriftet, ist es seine Aufgabe, dies zu erkennen und die Aufmerksamkeit zurück auf das Objekt zu führen. Mittels dieser Meditationsform gelingt es dem Meditierenden, die Fähigkeit zu entwickeln, den Fokus immer wieder auf das Meditationsobjekt zurückzuführen. Hingegen akzeptiert er bei der rezeptiven Form einen Zustand der Ziellosigkeit. Hierbei wird das Verweilen in den eigenen Gedanken und Gefühlen, die einen Raum zum Bewusstsein darstellen, erlernt. Beide Formen sind sehr unterschiedlich in der Praxis. Wenn Sie sich der Meditation annähern wollen, ist es ratsam, mit der konzentrativen Form zu beginnen und sich anschließend mit der rezeptiven Meditationstechnik zu beschäftigen. Ersteres stellt einen Grundbaustein für eine stabile Aufmerksamkeitsführung dar.

Studien zu meditativen Techniken zeigen eine umfassende Wirkung auf die Fähigkeit der *Selbstregulierung*. Darunter ist der Umgang mit den eigenen Gefühlen beziehungsweise Gedanken und die Steuerung von Impulsen und Handlungen zu verstehen. Die Selbstregulierung bezieht sich auf vier Ebenen in unserem Körper: die Aufmerksamkeit, die Körperwahrnehmung, die Emotionsregulation und die veränderte Sichtweise auf sich selbst.

Die Emotionsregulation kann mittels meditativer Techniken zum einen eine Neubewertung als auch eine Löschung hervorrufen. Unter Neubewertung wird hier die erneute Bewertung einer bekannten Situation verstanden. Anstatt Situationen als stressreich und negativ zu bewerten, können sie als lehrreich, bedeutsam und nützlich angesehen werden. Löschung bezieht sich auf den offenen Umgang, insbesondere der Akzeptanzhaltung, gegenüber allen Empfindungen, auch eben den schlechten wie Angst oder Trauer. Diese sollen im Rahmen der Meditation akzeptiert und nicht ausgewichen werden.

Durch die genaue Beobachtung der Bewusstseinsinhalte während der Meditation erlangt der Praktizierende ein Verständnis darüber, dass Gefühlszustände kommen und gehen. Meditation kann somit eine innere Haltung begünstigen, sich nicht mit den eigenen Bewusstseinsinhalten zu identifizieren und Distanz zu ihnen zu bewahren. Dies führt zu dem erwünschten Zustand des Nicht-Bewertens der eigenen Bewusstseinsinhalte, der wiederum eine Basis für eine ausgeglichene mentale Haltung darstellt.

Meditationsübung als Einstieg

Suchen Sie sich zunächst einen Ort, wo Sie die nächsten Momente ohne Ablenkung durch Medien oder andere Personen meditieren können. Informieren Sie am besten auch Menschen um Sie herum, dass Sie die nächsten Minuten nicht gestört werden wollen. Begeben Sie sich am besten an einen Ort, wo Sie keiner stören kann. Die Küche oder das Wohnzimmer stellen sich häufig als ungünstig dar. Stellen Sie eine Stoppuhr auf 05:00, 10:00 oder 15:00 Minuten. Ganz wie Sie möchten.

Am Anfang ist es empfehlenswert, mit 05:00 Minuten zu starten und es langsam anzugehen. Am besten nutzen Sie dafür kein Smartphone, um ungestört zu sein. Achten Sie darauf, dass an Ihrem Platz eine angenehme Temperatur herrscht. Dann nehmen Sie eine entspannte Sitzhaltung oder Liegeposition ein. Vielleicht machen Sie es sich mit einer leichten Decke über den Schultern gemütlich, denn während der Meditation „kühlt" der Körper herunter, da diese das kardiovaskuläre System runterfährt. Der wichtige Punkt an dieser Stelle ist, dass Sie das Einschlafen vermeiden. Die Hände legen Sie einfach auf Ihren Oberschenkeln ab, entweder mit den Handflächen nach unten oder nach oben. Bringen Sie Ihr Kinn Richtung Brustbein.

Machen Sie die Augen zu oder fokussieren Sie einen Punkt auf dem Teppich oder der Matte, auf der Sie sitzen. Meistens ist die Ablenkung jedoch geringer, wenn die Augen geschlossen sind. Durch das Schließen der Augen fällt der Zugang zu sich selbst häufig einfacher. Das macht das „Konzentrieren" am Anfang leichter. Spüren Sie, wie Sie ein- und wieder ausatmen. Wie fühlt es sich überhaupt an, zu atmen? Vielleicht wird Ihnen zum ersten Mal an diesem Tag so richtig klar, dass Sie atmen. Beobachten Sie, wie Sie ein- und wieder ausatmen. Wie die Luft ein- und wieder ausströmt, ohne dass Sie hierfür irgendetwas dafür tun müssen. Dies geschieht ganz automatisch. Ein und aus. Ein und aus. Konzentrieren Sie sich anschließend darauf, wie Sie einatmen. Welche Sinneseindrücke haben Sie in diesem Moment? Atmen Sie im nächsten Moment wieder aus und spüren Sie in sich hinein, wie sich dies anfühlt. Wiederholen Sie das einige Male. Schenken Sie Ihre Aufmerksamkeit auf einen Bereich des Körpers, wo Sie Ihren Atem am deutlichsten wahrnehmen: Das können der Brustkorb, die Bauchdecke oder auch die Nasenflügel sein.

Konzentrieren Sie sich auch hierbei auf die Atmung in den verschiedenen Körperregionen. Wie fühlt sich die Luft an? Warm oder kalt? Wenn die Gedanken abwandern, und das werden sie tun (ohne dass Sie es am Anfang kontrollieren können), freuen Sie sich, dass Sie es bemerkt haben. Dann lenken Sie die Konzentration wieder liebevoll, aber determinierend, zum Atemzug zurück. Das Abschweifen ist gerade am Anfang ganz normal. Von Mal zu Mal wird dies jedoch besser. Konzentrieren Sie sich einfach immer wieder auf den Atem. Achten Sie immer wieder darauf, sich bei den Übungen nicht muskulär zu verspannen. Häufig fällt es nicht während der Übung auf, aber anschließend schmerzt der Rücken. Versuchen Sie, ganz entspannt zu sitzen. Wenn Ihnen das Geradesitzen schwerfällt, nehmen Sie sich ein Kissen oder einen Block zur Hilfe, um den Rücken zu unterstützen. Überprüfen Sie also immer mal wieder nach mehreren Atemzügen, ob irgendwelche Stellen am Körper angespannt sind. Sobald Sie eine muskuläre Anspannung bemerken, machen Sie sich diese bewusst und fokussieren Sie sich darauf, wieder alles locker zu lassen.

Besonders zu Beginn kann es hilfreich sein, sich das Ein- und Ausatmen immer wieder gedanklich bewusst zu machen. Beim Einatmen wird „Ein“ und beim Ausatmen „Aus“ im Inneren verbalisiert. Das hilft dabei, die Konzentration beizubehalten. Je nachdem, wie viele Minuten Sie zuvor gewählt haben, beenden Sie dann mit dem Gong die Meditation. Sobald Sie sich sicher und geborgen fühlen und die gedanklichen Distraktoren weniger werden, können Sie sich der rezeptiven Meditation widmen.

YOGA

Wie bereits zuvor näher erläutert, beeinflusst das Gehirn den eigenen Körper auf vielen Ebenen. Das Gehirn koordiniert jegliche Bewegungen und ist für unseren Gleichgewichtssinn verantwortlich. Es ermöglicht uns Lebewesen, Signale des Körpers wahrzunehmen und entsprechend zu reagieren. Wer krank ist, denkt auch krank. Erinnern Sie sich an Ihre letzte schwere Erkältung. Jeder Gang war viel mit Energieaufwand verbunden und kostete Sie viel Überwindung. Ihre Gedanken waren unklar und Ihr Kopf erschöpft. Lange wurde in der Medizin – zu Unrecht – Geist und Physis voneinander getrennt.

Heute wissen wir, dass eine immense Abhängigkeit zwischen Körper und Gemütszustand besteht. Forschungsgruppen an der Universität Witten/Herdecke zeigten, dass die Körperhaltung den emotionalen Zustand vorhersagen kann. Wer aufrecht und selbstbewusst durchs Leben geht, denkt positiver. Wer hingegen wenig lächelt, die Schultern hängen lässt, neigt zu negativen Gedanken. Neben dem sogenannten kognitiven Verhaltensmuster spielt der Bewegungsapparat eine große Rolle für die psychische Gesundheit.

Mittels Bewegung gilt es, Körper und Geist in Einklang zu bringen. Yoga ist eine gute Gelegenheit, sich nicht nur zu bewegen, sondern dabei durch Atemtechniken den Körper in einen Entspannungszustand zu bringen. Ursprünglich ist Yoga älter, als uns bekannt ist. Schon die alten Inder praktizierten vor mehr als 4.500 Jahren regelmäßig Yoga, um ihren Körper in Schwung zu bringen und um den Geist zu entspannen. Es stärkt die Muskeln, verbindet den Körper mit dem Atem, entspannt, beruhigt das vegetative Nervensystem und wirkt auf die den Muskel umgebenden Faszien. Durch seine spirituelle Kraft schenkt Yoga zum einen Energie und zum anderen reduziert es jegliche Stresssymptome. Schließlich hemmt Stress die Möglichkeit, mit sich und der Physis in Einklang zu sein. Leistung spielt hierbei keine Rolle. Die Aufmerksamkeit richtet sich nur auf den eigenen

Körper und Vergleiche sollen vermieden werden. Eine Studie zeigte, dass Frauen, die einmal wöchentlich 90 Minuten Yoga praktizierten, eine verbesserte allgemeine Stimmungslage, weniger Angst- und Depressionszustände hatten und jegliche Schmerzen sich reduzierten. Yoga wirkt somit stimmungsaufhellend, vermindert Reizbarkeit, Labilität und steigert die Vitalität. Es kann dabei unterstützend wirken, neue Energie zu tanken und einen Kraft-schenkenden Optimismus zu entwickeln.

Dennoch ist Yoga nicht gleich Yoga. Sie sollten für sich am besten herausfinden, welche Art von Yoga zu Ihnen passt. Für manche ist es besonders wichtig, dass sie viel im Flow der Bewegung sind. Für andere steht die Entspannung und das Zur-Ruhe-Kommen im Vordergrund. Wer nicht gerne spirituelles Yoga mit Singeinheiten praktizieren möchte, sollte sich dem Iyengar-Yoga oder dem Hot-Yoga widmen.

Hier steht besonders die körperliche Aktivität im Fokus. Für Menschen mit Schmerzen in den Gelenken oder Muskeln sind diese Formen allerdings nicht geeignet. Yin-Yoga sollten hingegen diejenigen praktizieren, die ihre Körperwahrnehmung verbessern wollen und die Meditation präferieren. Das Schöne an all den genannten Yoga-Formen ist die Einbeziehung der Atmung. Denn diese beeinflusst die Funktionalität unseres Körpers. Die Atmung bringt uns näher zu uns selbst und schult den achtsamen Umgang mit unserem Körper. Die Aufmerksamkeit auf das Ein- und Ausatmen wirkt auf den Energiefluss im Körper und erdet uns. Gefühle und Gedanken werden in diesen Momenten der Ruhe und Achtsamkeit in den Hintergrund gestellt. Es geht nur um den Einklang von Bewegung und Atem. Vertrauen Sie auf die Selbstheilungskräfte Ihres Körpers.

Stimmungsaufhellende Yoga-Übungen

Allgemein kann Yoga die Stimmung positiv beeinflussen. Vor allem dann, wenn Yoga regelmäßig und voller Konzentration praktiziert wird. Die Erste-Hilfe-Übungen können folgende sein:

1. Der Tänzer: Verlagern Sie Ihr Gewicht auf das linke Bein und richten Sie den Blick auf einen festen Punkt auf dem Boden. Die linke Hand liegt auf der linken Hüfte. Beugen Sie nun das rechte Knie und fassen Sie das Fußgelenk mit der rechten Hand hinter dem Körper. Ziehen Sie den Fuß, soweit es für Sie möglich ist, nach oben zum Himmel. Wichtig ist, dass die Hüfte weiterhin parallel zum Boden bleibt und sich nicht öffnet. Der linke Arm wird nach oben Richtung Himmel gestreckt. Die Finger sind gespreizt. Wenn Sie die Balance halten können, dann dürfen Sie die Brust heben und sich nach vorne beugen. Bleiben Sie drei Atemzüge in der Position und wechseln Sie anschließend die Seite.

2. Das Kamel: Kommen Sie in den Kniestand und stellen Sie die Knie hüftbreit auf. Richten Sie sich gerade auf und spannen Sie Ihre Bauchmuskeln an. Bei der nächsten Einatmung ziehen Sie die Brust, die Arme und Schultern zurück und legen Sie den Kopf in den Nacken. Wandern Sie langsam mit den Händen Richtung Füße. Halten Sie diese Position für drei Atemzüge oder auch länger, wenn Sie können. Es ist wichtig, dass Sie nur so weit gehen, wie es ohne Anspannung im Nacken möglich ist. Bei Schmerzen im unteren Rücken sollten Sie langsam wieder hochkommen.

Kapitel 9: Workbook

Nachdem Sie sich jetzt mit Ihrem Leben und Ihren Denkstrukturen theoretisch auseinandergesetzt haben, folgen ein paar wenige Übungen und Möglichkeiten der Reflexion.

VERSUCH DER VERÄNDERUNG

Folgende Tabelle dient zur Visualisierung, ob das gesetzte Ziel möglich ist oder nicht. Beschreiben Sie Ihren Gefühlszustand, wenn Sie an das geplante Ziel denken. Kreuzen Sie eine Option an. Wenn Sie ein schlechtes Gefühl mit dem Ziel begleitet, sollen die genauen Gründe aufgelistet werden.

Ziele	Schwierig umsetzbar	Kann es schaffen	Bringt mich weiter	Gründe
1.				
2.				
3.				

Übung: Neue Gewohnheiten

Menschen sind Gewohnheitstiere. Aus diesem Grund brauchen wir Zeit, um uns neue Routinen und Gewohnheiten anzueignen und aus den alten Verhaltensmustern auszubrechen. Nicht ohne Grund sagen zahlreiche Experten, dass es ungefähr sechs Wochen dauert, bis aus einer Handlung eine Gewohnheit und Routine wird.

Wenn wir etwas verändern möchten, brauchen wir also vor allem auch Durchhaltevermögen. Die oben abgebildete Tabelle kann uns schon zeigen, ob unser Ziel umsetzbar ist, oder ob wir es vielleicht etwas kleiner aufdröseln müssen, um schnell erste Erfolge zu sehen. Wichtig ist, dass wir bei der

Beurteilung unserer Ziele realistisch sind. Es wird Sie nicht weiterbringen, wenn Sie unehrlich zu sich selbst sind und sich mehr vornehmen, als Sie schaffen können. Überlegen Sie sich zunächst, wie Sie Ihre Ziele erreichen möchten. Dies bedeutet, dass Sie genau wissen sollten, was das Ziel ist, welche Unterziele Sie haben und wie Sie an dieses Ziel gelangen. Planen Sie in Schritten.

Am Beispiel: Wenn Sie das Ziel haben, sich von negativen Gedanken zu lösen und positiv in neue Situationen hineinzugehen, sollten Sie sich überlegen, welche Unterziele Sie schaffen müssen, um nicht direkt an dem großen Ziel arbeiten zu müssen. Ein solches Unterziel kann zum Beispiel sein, dass Sie sich von den negativen Gedanken schnell lösen möchten. Die Gedanken also in dem Moment beiseiteschieben, in dem sie aufkommen. Um dieses Ziel zu erreichen, müssen Sie zunächst erkennen, dass Sie gerade in die negativen Gedanken geraten.

Um eine Veränderung zu erreichen und neue Gewohnheiten in den Alltag zu integrieren, halten Sie Ihr Vorhaben am besten schriftlich fest. Schreiben Sie Ihr Ziel auf und auch, welche Unterziele Sie haben. So merken Sie schnell, wenn Sie bereits ein Unterziel erreicht haben und es nicht mehr weit zu dem nächsten Ziel ist. Denn Erfolge motivieren einen natürlich noch mal deutlich mehr.

In einem Kalender können Sie festhalten, was Sie täglich für Ihr Ziel gemacht haben. So fühlen Sie sich verpflichtet, an Ihrer Veränderung zu arbeiten, um diese am Abend in dem Kalender vermerken zu können. Dies kann beispielsweise wie folgt aussehen:

Tage	Was habe ich für die Veränderung getan?	Was fiel mir leicht, welchen Fortschritt bemerke ich?
Montag		
Dienstag		
Mittwoch		
Donnerstag		
Freitag		
Samstag		
Sonntag		

Sie können diese Tabelle natürlich anpassen, sodass sie für Sie funktioniert. Hilfreich kann es sein, die Erfolge direkt mitzunotieren, sodass Sie Ihre Motivation nicht verlieren und weiterhin am Ball bleiben.

EIGENE STÄRKEN ERKENNEN

Überlegen Sie sich, welche fünf Stärken Sie am meisten ausmacht. Welche Stärken helfen Ihnen besonders, den Alltag zu meistern? Notieren Sie dabei auch, welche Vorteile die jeweilige Stärke hatte. Was haben Sie dadurch erreichen können? Welches Gefühl entsteht dabei, wenn Sie an Ihre Stärken denken? Ist es Freude oder Stolz?

Stärke	Wichtige Erfahrungen, die ich dadurch sammeln konnte	Gefühl
1.		
2.		
3.		
4.		
5.		

Übung zur Erkennung der eigenen Stärken:

Manchmal kann es schwer sein, seine eigenen Stärken zu erkennen. Vor allem dann, wenn die grauen Gedanken in dem eigenen Kopf dominieren. Es stellt sich also die Frage, wie man seine eigenen Stärken erkennen kann. Folgende Fragen können dabei helfen:

- Woran habe ich Spaß und was mache ich gern?
- Wofür bekomme ich von anderen Menschen Lob, was mögen sie an mir?

Natürlich ist es nicht förderlich, sich nur auf das Feedback von anderen Menschen zu verlassen, denn man kennt sich ja selbst am besten. Dennoch kann es helfen, in sich zu gehen und sich zu überlegen, wofür man von anderen schon Lob bekommen hat. Ist es, dass man besonders hilfsbereit ist? Oder dass man auch in schwierigen Situationen immer einen kühlen Kopf behält? Für eine bessere Übersicht kann es auch helfen, dies in eine Tabelle zu schreiben. Folgendes Beispiel kann hierfür als Inspiration dienen:

Wofür habe ich schon von anderen Menschen Lob bekommen?	Was schätze ich selbst an mir?

Diese Übung kann auch helfen, das eigene Selbstwertgefühl zu steigern und sich vor Augen zu führen, dass man selbst mit seiner Einschätzung vielleicht deutlich strenger ist als andere und die anderen Menschen völlig andere Sachen an einem schätzen und dort die Stärken sehen. Es kann also den eigenen Horizont erweitern.

HARTE ZEITEN ÜBERSTEHEN

Im Folgenden sind Tipps zusammengefasst, die harte Zeiten überstehen lassen. Dieser Abschnitt bezieht sich insbesondere auf die Corona-Pandemie, die für viele Menschen nicht leicht war. Individuen können sich nicht mehr als selbstwirksam, kontrollierend und frei fühlen. Dies übt Einfluss auf unser Wohlbefinden aus. Wie bereits bekannt ist, ist der *Locus of Control* keineswegs irrelevant für unsere physische Gesundheit. Studien zeigten, dass bei hoher wahrgenommener Kontrolle Krebserkrankte umso wahrscheinlicher überleben.

Doch in Zeiten der Pandemie ist es nicht möglich, vollkommene Kontrolle über das eigene Leben auszuüben. Besonders bei Covid-Erkrankten wird Geduld und viel Resilienz erfordert. Zum einen bedarf es viel Zeit, bis sie vollständig genesen sind, in denen sie keine weiteren Kontakte haben dürfen. Zum anderen wünschen sich Menschen bei Erkrankungen Angehörige oder Freunde, die ihnen beistehen. Diesem Wunsch kann nicht nachgegangen werden und erschwert den Genesungsprozess. Nicht nur die Sorgen um die eigene Gesundheit steigen, sondern auch die um Familienmitglieder. Viele Betroffene können schlechter schlafen, machen sich viele Gedanken und werden ängstlich. Weltweite Nachrichten verstärken diesen Prozess. Nicht nur die Angst bzgl. der Covid-Erkrankung steigt, sondern auch die finanziellen Sorgen breiten sich immer mehr aus. Viele Menschen haben ihren Beruf verloren, leben nun vom Staat und erleben eine Perspektivlosigkeit.

Nun stellt sich die Frage, was kann das Individuum tun, um sich vor den psychischen Folgen der Pandemie zu schützen. Man spricht an dieser Stelle auch von *Resilienzfaktoren*: Die Fähigkeit, Krisen mithilfe von persönlichen Ressourcen zu überstehen. Im Folgenden werden Praktiken aufgelistet, die uns allen helfen können, diese Krise zu überstehen. An erster Stelle steht die *Selbstfürsorge*, für die es keine anderen Menschen bedarf. Es stellt die Fähigkeit dar, mit sich selbst gut umzugehen, liebevoll zu sich selbst zu sein und sich selbst zu pflegen. Sie kann uns erden und das eigene Wohlbefinden steigern. Dabei helfen könnte beispielsweise ein 30-Tage-Selbstliebeplan. An jedem Tag könnte ein anderes Ritual praktiziert werden und je nach Verpflichtung in der Zeit variieren. Manchmal genügen bereits 10 Minuten am Tag und an anderen Tagen bis zu drei Stunden. Dieser Monatsplan könnte sich wie folgt gestalten:

1. 10 Minuten nach dem Aufstehen dehnen. Verspannte Muskeln, gerade nach langem täglichem Sitzen im Homeoffice, lockern.
2. Eine Sporteinheit von 30–60 Minuten in den Tag integrieren. Das könnte Ausdauersport, der ja immer und überall möglich ist (Fahrradfahren, Joggen, Inlinerfahren), oder Krafttraining zu Hause sein. YouTube enthält viele Videos, die die Motivation unterstützen können.

3. Am Abend nach einem langen Arbeitstag ein Buch in die Hand nehmen und alle anderen elektronischen Geräte ausschalten. Das Eintauchen in eine andere, Covid-freie Welt kann die Seele wieder aufblühen lassen.

4. Achtsamkeitseinheiten praktizieren. Besonders die Dankbarkeitspraxis stellt sich als sehr vorteilhaft dar. Es genügt, sich am Abend einen Stift und Zettel zu nehmen und 10 Dinge aufzuschreiben, für die man dankbar ist. Seien es allgemeine Dinge oder Dinge, die am Tag passiert sind.

5. Besonders junge Leute leiden darunter, dass Clubs und Bars während der Pandemie geschlossen bleiben. Manchmal kann diesem Frust mit einer Tanzeinheit begegnet werden. Entweder man setzt sich Kopfhörer auf oder macht die Musikbox laut an und beginnt, einfach mit dem Rhythmus zu tanzen. Wut und Ängste können rausgelassen werden. Nicht ohne Grund zeigt sich die Tanztherapie als evident.

6. Das Homeoffice wird als eine attraktive Arbeitsumgebung angesehen, doch nicht für alle ist die klare Trennung von Privatem und Berufsleben immer möglich. Viele Menschen schätzen die Work-Life-Balance als herausfordernd ein. Es ist schwierig, ein Ende zu finden, wenn das Zimmer neben dem Schlafraum auch einen Arbeitsraum darstellt. Es ist aus diesem Grund wichtig, sich einen Tag im Monat die Auszeit zu nehmen, vollkommen unproduktiv zu sein.

7. Man kann die Corona-Pandemie aber auch dazu nutzen, alte Hobbys wieder aufzufrischen oder etwas ganz Neues auszuprobieren. Das Klavier, das lange Zeit in der Ecke stand, kann wieder benutzt oder die Leinwand im Keller kann wieder rausgeholt werden.

8. Heutzutage spielt sich alles digital ab. Selbst unsere Kontakte werden immer häufiger digital gepflegt. Nichtsdestotrotz ist es wichtig, sich einem Digital Detox zu unterziehen. Smartphones können unser Wohlbefinden reduzieren. Langeweile zu spüren, ist ein wichtiger Aspekt unserer persönlichen Entwicklung.

9. Belohnung: Vielen Menschen gelingt es, sich regelmäßig für die eigenen

erreichten Ziele zu belohnen. Doch gerade Studierenden fällt es in Zeiten der Pandemie schwer, sich für eine bestandene Prüfung zu loben. Während vor der Pandemie ein Zusammentreffen mit Freunden die Belohnung darstellte, könnte es heute ein Essen sein, das beim Lieblingsimbiss bestellt wird.

10. Spazieren gehen ist nicht zu Unrecht das neue Hobby in der Corona-Zeit geworden. Die Zeit in der Natur tut uns gut und lässt uns erden.

11. Tagebuchschreiben vor dem Einschlafen lässt uns den Tag Revue passieren und Gedanken loslassen.

12. Zen-Mandala ausmalen und sich nur auf die Muster konzentrieren. Die Gedanken abschalten.

13. Ein Foto-Album von vorherigen Reisen gestalten. Besonders bei Fernweh kann es sehr wohltuend sein, sich alte Erinnerungen hervorzurufen.

14. Sich von Altem befreien und die viele Zeit zu Hause dazu nutzen, das eigene Heim aufzuräumen. Sich von alten Dingen trennen, kann sehr befreiend sein.

15. Ein stabiles soziales Netzwerk stärkt uns und unseren Selbstwert. Wenn in der Zeit nicht viele Kontakte möglich sind, bietet es sich an, sich selbst zu überlegen, auf was man stolz ist und welche Ziele man bereits im Leben erreicht hat.

16. Einen guten Freund anrufen und ausgiebig über die vergangenen Tage oder Wochen quatschen. Bei Smartphones liegt der Vorteil in der Face-to-Face-Ansicht, die das Ganze viel realistischer macht.

17. Die Zeit auf sozialen Medien und Nachrichtenportalen begrenzen. Schlechte Nachrichten jeden Tag zu hören, macht krank. Auf Sozialen Netzwerken andere Personen zu sehen, die ihren Tag vielleicht produktiver oder kreativer gestalten, lässt uns Vergleiche ziehen, die nicht immer zu unserem Vorteil sind.

18. Sich vor den Spiegel stellen und Komplimente machen. Dies ist Teil der

Achtsamkeitspraxis. Was mag ich an mir? Was macht mich liebenswürdig?

19. Für die eigene Gesundheit mittels guter Ernährung sorgen. In der Corona-Zeit haben wir alle mehr Zeit, sich dem Kochen zu widmen. Nun könnte es die Möglichkeit geben, Dips, Pesto oder Nudeln selbst zu machen. Eine gute Ernährung schützt nicht vor anderen Krankheiten, sondern auch vor Covid.
20. Ein warmes Bad am Abend nehmen. Es relaxiert die Muskeln und macht uns schläfrig, was das Einschlafen begünstigt.
21. Einen lustigen Film schauen, der vielleicht Hoffnung gibt und nicht allzu viele belastende Themen beinhaltet.
22. Trotz der vielen Zeit zu Hause ist es wichtig, sich morgens zu motivieren, sich anzuziehen. Es schadet also nicht, sich auch ein neues Kleidungsstück, das uns gut fühlen lässt, zu kaufen.
23. Nach der Dusche sich die Zeit zu nehmen, den Körper einzucremen und sich selbst berühren.
24. Genügend Schlaf finden. Feste Ein- und Aufstehzeiten festlegen, um einen guten Schlaf zu fördern.
25. Das Home-Office nutzen, um einen 20-minütigen Mittagsschlaf zu machen.
26. Eine Kerze anzünden und sie beobachten. Das kann sehr beruhigend wirken.
27. Atemübungen, wenn Angst und Sorgen zunehmen.
28. Hörbücher zu spannenden Themen hören, um Inspirationen zu bekommen.
29. Pläne für die Zukunft ohne Corona erstellen. Es schafft eine hoffnungsvolle Perspektive.
30. Meditation am Morgen oder Abend.

Übung zur Bewältigung der harten Zeiten:

Mit ein bisschen Übung kann es einem selbst gelingen, harte Zeiten zu überstehen und gar nicht erst so nah an sich heranzulassen. Folgende Übung soll erläutern, wie einem das gelingen kann.

Nehmen Sie sich ein paar Minuten Zeit. Sie sollten nicht zeitlichen Stress haben und wenn möglich, sollte Ihnen eine ruhige Ecke zur Verfügung stehen, sodass Sie ungestört sind. Sie benötigen einen Stift und ein Blatt Papier. Wenn Sie mögen, können Sie auch auf ein Notizbuch zurückgreifen, welches Sie regelmäßig fortführen.

Unterteilen Sie das Blatt in drei Abschnitte. Sie können dies in Form einer Tabelle tun oder einfach das Papier in drei Abschnitte einteilen. Wie Sie mögen.

Beginnen Sie damit, dass Sie sich klar werden, welche Gedanken gerade in Ihnen vorgehen. Lassen Sie die aufkommenden Emotionen zu. Schreiben Sie dann in den ersten Abschnitt, welche Gedanken Sie haben. Wie äußert sich die harte Zeit für Sie, welche Ängste und Sorgen haben Sie? Was geht allgemein in Ihnen vor? Wenn Sie mögen, können Sie dies in Form von Stichpunkten tun. Sie können Ihre Gedanken und Emotionen aber auch ausformulieren. Je nachdem, was Ihnen in dem Moment am leichtesten fällt.

Nachdem Sie Ihre Gedanken und Emotionen notiert haben, sollten Sie sich Gedanken darüber machen, was Ihnen helfen kann, aus dieser harten Zeit wieder rauszukommen. Im Beispiel von Corona könnte dies zum Beispiel heißen, dass Sie lange Spaziergänge draußen unternehmen oder sich mit Ihren Freunden virtuell zu einem Spieleabend treffen. Die Ansätze sind ganz individuell. Handeln Sie hier nach Ihrem Gefühl. Was wird Ihnen guttun? Was gibt Ihnen Zuversicht und Hoffnung? Wonach ist Ihnen? Auch hier können die Gedanken in Stichpunkten oder in ausformulierten Sätzen niedergeschrieben werden. Wichtig ist nur, dass Sie wissen, was Sie damit meinen und auch noch an einem späteren Zeitpunkt auf Ihre Notizen zurückgreifen können, um sich zu erinnern, was Sie tun können, um einen Ausweg aus der harten Zeit zu finden.

In dem dritten Abschnitt notieren Sie Ihre Wünsche, Ihre Erwartungen, Ihre Träume für die Zeit nach der harten Zeit. Dieser Abschnitt dient der Motivation, sodass es Ihnen leichter fallen kann, das Licht am Ende des Tunnels zu sehen und an Ihrem Können und dem Glauben, diese Zeit überstehen zu können, festhalten. Sie brauchen hierbei gar nicht besonders gründlich überlegen und müssen nicht erst tief in sich gehen. Notieren Sie am besten direkt, was Ihnen so spontan einfällt. Im Beispiel von Corona könnte dies zum Beispiel bedeuten, dass Sie sich darauf freuen, sich wieder mit Ihren Freunden zum Grillen treffen zu können oder auf einen Bummel in der Innenstadt.

Je mehr Wünsche und Ziele Sie haben, desto mehr Wille und Motivation werden Sie finden, um die harte Zeit zu überstehen.

DAS POSITIVE ERKENNEN

An das Positive zu glauben und daran festzuhalten, ist nicht immer leicht. Vor allem dann nicht, wenn man das Gefühl hat, dass die eigene Situation nichts Positives an sich hat.

Mit ein bisschen Übung kann es einem aber gelingen, das Positive in jeder Situation zu erkennen und daran festzuhalten.

Hierfür ist es notwendig, zunächst ein wenig Abstand von der eigenen Situation zu gewinnen. Es kann schon ausreichend sein, den Kopf bei einem Spaziergang auszuschalten und zu versuchen, sich auf etwas anderes zu konzentrieren. So kann es zum Beispiel schon reichen, an einem Abend etwas zu kochen, um sich von den eigenen Gedanken, die ja meist negativ sind, abzulenken.

Folgende Tabelle kann helfen, um die eigene Situation einschätzen zu können und den Fokus auf das Positive zu richten.

Welche Möglichkeiten gibt mir diese Situation?	Was kann ich aus dieser Situation mitnehmen/was kann ich aus der Situation lernen?	Was habe ich bereits in dieser Situation geschafft?

Die Frage, welche Möglichkeiten die eigene Situation einem gibt, kann bereits helfen, um den eigenen Fokus auf das Positive zu lenken. Gibt mir diese Situation zum Beispiel die Möglichkeit, mich zu beweisen und mich weiterzuentwickeln?

Die Frage, was man selbst aus dieser Situation lernen kann und welche Erkenntnisse man aus der Situation mitnehmen kann, hilft einem zu erkennen, dass die Situation einem selbst Vorteile bietet und bestärkt das Positive.

Um zu erkennen, was man bereits geschafft hat und wie weit man überhaupt schon gekommen ist, ist die dritte Spalte der Tabelle gut geeignet. Sie kann für eine Situation beliebig lang erweitert werden. Die Frage nach dem „Was habe ich schon geschafft?" zeigt, dass der Weg, den man bereits gegangen ist, schon einige Erfolge zu bieten hatte, die man allerdings in den negativen Gedanken schnell mal vergisst.

Tipp: Greifen Sie immer wieder auf die Tabelle zurück, wenn Sie das Gefühl haben, dass die Situation ausweglos erscheint und Sie das Positive in dieser Situation aus den Augen verloren haben oder gar nicht erst erkannt haben.

Um die Positivität zu erkennen und positiv an bestimmte Situationen heranzugehen, ist es hilfreich, eine positive Grundeinstellung zu neuen Situationen zu haben. Wir Menschen sind zwar im Normalfall neuen Situationen gegenüber immer kritisch eingestellt, können aber lernen, unvoreingenommen und doch positiv an neue Situationen heranzutreten. Hierbei kann ein Dankbarkeitstagebuch helfen. Als Beispiel dient die unten abgebildete Tabelle:

Wofür bin ich heute dankbar?	Was konnte ich heute lernen?	Welche schönen Erlebnisse hatte ich heute?

Übung, um das Positive zu erkennen:

Wenn Sie merken, dass Sie gerade negative Gedanken in Hinblick auf eine Situation haben, ist es hilfreich, den eigenen Fokus auf das Positive zu lenken und den negativen Gedanken keine weitere Beachtung zu schenken.

Seien Sie hierfür stets aufmerksam. Reflektieren Sie, ob Sie noch neutral über eine Situation denken oder ob Sie bereits negativ eingestellt sind und nur die negativen Seiten beleuchten.

Gehen Sie dann innerlich einen Schritt zurück. Atmen Sie tief durch und versuchen Sie, sich bildlich vorzustellen, wie Sie die negativen Gedanken zur Seite schieben und durch die positiven ersetzen.

Wenn Sie die Möglichkeiten haben, ziehen Sie sich in einen Raum zurück, wo Sie Ruhe haben und ungestört sind. Setzen Sie sich dann auf einen Stuhl oder auf den Boden und schließen Sie die Augen. Konzentrieren Sie sich zunächst nur auf Ihre Atmung.

Nehmen Sie wahr, wie sich beim Einatmen Ihr Brustkorb hebt und sich dieser beim Ausatmen wieder senkt? Konzentrieren Sie sich zunächst nur darauf.

Richten Sie dann Ihre Aufmerksamkeit auf Ihre Situation. Falls die negativen Gedanken zurückkommen, nehmen Sie diese wahr, schenken ihnen aber keine weitere Aufmerksamkeit. Konzentrieren Sie sich dann auf die positiven Punkte. Welche Chancen sehen Sie? Was ist bereits gelungen? Wovon können Sie in der Situation profitieren?

Wenn Sie merken, dass Ihre eigene Anspannung nachlässt und Ihr Fokus auf der Positivität liegt, öffnen Sie die Augen und versuchen Sie, weiter an den positiven Gedanken festzuhalten und die negativen nicht weiter zu beachten.

Übung für die eigene Dankbarkeit:

Dankbar zu sein bedeutet nicht, immer alles so hinzunehmen, sondern bedeutet, den eigenen Fokus auf die positiven Geschehnisse zu lenken, um sich von negativen Gedanken freizumachen. Wie kann das gelingen?

Reflektieren Sie am Abend Ihren Tag. Welche Ereignisse haben Sie erlebt? Was hat Sie bewegt? Was hat Sie direkt glücklich gestimmt? Worüber haben Sie sich vielleicht auch geärgert?

Halten Sie diese Gedanken schriftlich fest. Das Aufschreiben kann helfen, die Geschehnisse und die eigenen Gedanken noch mal ganz anders wahrzunehmen. Sie können von dem Auge gelesen und somit auch wahrgenommen werden und schwirren einem selbst nicht nur einfach so durch den Kopf. Sie können zum Beispiel ein extra Notizbuch anlegen, worin Sie für jeden Tag ein paar Sätze hineinschreiben. Hierfür werden nur die positiven Seiten hervorgerufen. Das Negative sollte keine Beachtung finden.

Wenn Sie in ein paar Wochen noch einmal durch dieses Notizbuch blättern, können Sie sich an das Positive erinnern. Es bekommt deutlich mehr Wertung als das Negative. Nehmen Sie sich für das Aufschreiben Zeit. Es sollte nicht kurz zwischen den Terminen geschehen. Am besten kurz vorm Einschlafen, denn im Schlaf werden noch einmal die Ereignisse des Tages verarbeitet. Wenn der Fokus kurz vorher auf dem Positiven lag, werden auch nur die positiven Ereignisse verarbeitet.

Überlegen Sie sich, wofür Sie an dem Tag dankbar sind. Sind Sie zum Beispiel dankbar dafür, dass Sie ein gutes Essen genießen durften? Oder dankbar für die Möglichkeit, Ihrem Chef Ihr neues Projekt präsentieren zu dürfen? Sind Sie dankbar für die Sonnenstrahlen, die für gute Laune gesorgt haben? Oder sind Sie dankbar für die netten Gespräche, die Sie führen durften? Sie können sich auf alle positiven Ereignisse konzentrieren, die Ihnen an dem Tag passiert sind. Schreiben Sie diese auf. Ob in Stichpunkten oder in ganzen Sätzen, ist ganz Ihnen überlassen.

Schreiben Sie auch auf, was Sie heute Schönes erlebt haben. Die Ereignisse können noch so klein sind. Egal, was Sie glücklich gemacht hat. Es sollte in Ihren Notizen erwähnt werden. Haben Sie sich zum Beispiel über die warme Brezel vom Bäcker gefreut? Oder schien die Sonne auf Ihrem

Heimweg? Haben Sie einen schönen Sonnenuntergang erlebt? Oder haben Sie sich zum ersten Mal nicht die Zunge am heißen Kaffee verbrannt?

Wenn Sie mögen, können Sie auch weitere Gedanken mit niederschreiben. Wenn sie beispielsweise etwas gelernt haben, etwa, dass Sie sich nicht verrückt machen müssen, sondern auf Ihre Fähigkeiten vertrauen können. Achten Sie nur darauf, dass Ihr Fokus auf der Positivität liegt.

DER OPTIMISMUS

Optimistisch zu werden ist ein Prozess. Dies kann nicht von heute auf morgen gelingen. Es ist aber kein Problem zu lernen, wie man optimistisch werden kann. Überlegen Sie sich zunächst, an welchem Anfangspunkt Sie stehen. Folgende Leitfragen können hierbei helfen:

1. Gehen Sie unvoreingenommen und positiv denkend in neue Situationen? Oder haben Sie Angst und gehen vielleicht sogar schon davon aus, dass Sie scheitern werden oder die neue Situation nicht positiv verläuft?

2. Sind Sie zuversichtlich, wenn Sie an Ereignisse denken, die in der Zukunft liegen? Beispielsweise in Hinblick auf ein berufliches Projekt oder auch im privaten Bereich.

3. Gehen Sie davon aus, dass die neue Situation Ihre Mühe nicht wert ist, weil Sie vermutlich sowieso nicht gewinnbringend ausfallen wird?

Wenn Sie bei der Beantwortung dieser Fragen bereits gemerkt haben, dass Sie sich nicht sicher sind oder eher zu der Antwort „Nein“ tendieren, sollten Sie sich Gedanken über folgende Fragen machen:

1. Warum gehen Sie nicht positiv denkend in neue Situationen?

2. Warum sind Sie in Hinblick auf neue Situationen und Ereignisse nicht zuversichtlich? Haben Sie Angst? Wenn ja, wovor?

Der Optimismus entsteht im Kopf. Wenn gelernt wird, die negativen Gedanken beiseitezuschieben und an ein positives Ende zu glauben, kann die eigene positive Einstellung auch den Verlauf des Ereignisses beeinflussen.

Übung für den Optimismus:

Halten wir uns im Umfeld von optimistisch denkenden Menschen auf, so kann dieser Optimismus auf uns abfärben und wir gehen automatisch positiv denkender in neue Situationen und generell mit Situationen um. Folgende Übung kann helfen, um optimistischer zu werden:

Formulieren Sie Ihre Ziele und Ihre Vorhaben positiver. Vor allem das Wort „Nicht" bewirkt, dass wir genau das tun, was wir eigentlich nicht tun sollen. Das perfekte Beispiel dafür ist: „Drücken Sie nicht diesen Knopf." Was möchten wir also tun? Genau. Diesen Knopf drücken. Genauso ist es mit den Sätzen. „Ich will mich nicht ärgern". Das Gehirn macht daraus ein „Ich will mich ärgern."

Wenn wir aber unsere Ziele positiver formulieren und uns selbst bestärken, so wird aus einem „Ich will nicht mehr krank sein." ein „Ich möchte gesund werden.".

Versuchen Sie, Ihre Vorhaben und Ziele immer positiv zu formulieren und sich immer daran zu erinnern, auf das Wort „Nicht" zu verzichten. Orientieren Sie sich an Menschen, die bereits optimistisch und positiv denkend sind. Versuchen Sie, diese Gedankenmuster zu übernehmen und lassen Sie sich von der Zuversichtlichkeit anstecken. So wird es Ihnen selbst auch nicht mehr so schwerfallen, selbst optimistisch zu sein und zu denken.

Ausblick

Dieses Buch wurde mit der Intention verfasst, Menschen zu inspirieren und sich selbst oder auch die Mitmenschen besser zu verstehen. Es dient der Motivation, sich um seine mentale und der damit verbundenen körperlichen Gesundheit zu sorgen. Das Ziel liegt darin, wieder mehr Momente der Lebensfreude und Zufriedenheit zu verspüren und die positiven Gedanken wachsen zu lassen. Mit Sicherheit haben Sie einige neue Einsichten gewonnen, die Ihnen in Ihrem Leben zu mehr Positivität weiterhelfen können. Es ist bereits ein großer Schritt, wenn Sie bis hierhergekommen sind. Denn es ist nicht immer einfach, sich mit den eigenen Problemen und Schwächen auseinanderzusetzen.

Jeder Tag sollte uns bereichern, indem er eine Beziehung zu sich selbst voller Frieden, Liebe und innerer Ruhe eingeht. Legen Sie destruktive Denkmuster, schlechte Gewohnheiten und Unterdrückung der eigenen Emotionen ab, um sich so näherzukommen. Um dieses Ziel zu verfolgen, bedarf es Übung und Zeit. Es steht mehr in unserer Macht, als wir denken. Jeder ist in der Lage, sich persönlich weiterzuentwickeln und zu verändern.

Haben Sie nur Geduld mit sich selbst. Egal, wie lange Sie nach dem Glück suchen oder wie viel Sie schon ausprobiert haben, um positiver durchs Leben zu gehen, bleiben Sie dabei und geben Sie die Hoffnung nicht auf. Unterstützen Sie sich selbst, indem Sie noch heute damit anfangen, darüber nachzudenken, was Sie ändern wollen und wie Sie dies umsetzen können. Sind wir achtsam und tun unserem Körper Gutes, überstehen wir jede Zeit und können mehr Positivität im Leben erfahren. Das Buch wird Ihnen immer ein Begleiter sein. Möge es Sie auf diesem Weg der Positivität prägen. Viel Erfolg auf Ihrem weiteren Lebensweg!

Sei die Heldin deines Lebens, nicht das Opfer.

-Nora Ephron-

Begriffserklärungen

Affektreaktion: ein zeitlich kurz eintretendes und intensives Gefühl als Reaktion auf eine Situation oder Vorstellung einer Situation (z. B. Wut, Trauer, Freude). Sie ist mit Körperreaktionen wie Schwitzen, Erröten oder Kurzatmigkeit verbunden.

Autonomie: die Selbstständigkeit, Entscheidungsfreiheit und Selbstbestimmung im Alltag. Ein Bedürfnis, das sich bereits in den ersten Lebensjahren entwickelt.

Exekutive Funktionen: Funktionen, die die Denkstruktur und die Entscheidungsfindung beeinflussen. Verantwortlich für die Hemmung nicht angemessener Reaktionen, Urteilsfähigkeit nach den eigenen Prinzipien und Moralvorstellungen, Multitasking und Planung zukünftiger Handlungen.

Experimentelle Studien: Form einer empirischen Studie, wobei der Versuchsleiter die Form der Studie bewusst kontrolliert und moduliert. Untersucht werden Personen unter verschiedenen Versuchsbedingungen. Sie werden einer Experimental- oder Kontrollgruppe per Zufall (randomisiert) zugeordnet. Die Experimentalgruppe unterliegt einer Intervention, während die Kontrollgruppe dies nicht erfährt.

Extravertiertheit: Diese Persönlichkeitseigenschaft ist einer der Faktoren der Big Five, dem Fünf-Faktoren-Persönlichkeitsmodell, gekennzeichnet durch einen Fokus auf die eigenen Interessen und Energien, auf die äußere Welt der Menschen und Dinge und nicht auf die innere Welt der subjektiven Erfahrung. Extravertierte sind relativ kontaktfreudig, gesellig, offen und ausdrucksstark.

Framing: Die Art und Weise, wie der Kontext oder ein Problem wahrgenommen und bewertet wird.

Kausaler Zusammenhang: Liegt vor, wenn eine Variable in einem

Datensatz einen direkten Einfluss auf eine andere Variable hat. Somit löst ein Ereignis das Auftreten eines anderen Ereignisses aus. Ein kausaler Zusammenhang wird auch als Ursache und Wirkung bezeichnet.

Kognition: Beschreibt alle Formen von Wissen und Bewusstsein, wie die Wahrnehmung, das Begreifen, Wiedererkennen, Denken, Beurteilen, Vorstellen und Problemlösen.

Kognitive Leistungsfähigkeit: Die Fähigkeiten, die bei der Durchführung der Aufgaben im Zusammenhang mit Wahrnehmung, Lernen, Gedächtnis, Verstehen, Bewusstsein, Argumentation, Urteilsvermögen, Intuition und Sprache erforderlich sind.

Kontext: Im Allgemeinen die Bedingungen oder Umstände, unter denen ein bestimmtes Phänomen auftritt. Bei Studien die Umgebung, in der ein Reizereignis auftritt und somit das Gedächtnis, das Lernen, das Urteilsvermögen oder andere kognitive Prozesse beeinflusst.

Längsschnittstudie: Es wird eine Stichprobe über einen bestimmten Zeitraum auf bestimmte, zuvor festgelegte Merkmale untersucht. Zu verschiedenen Messzeitpunkten werden die gleichen Personen erhoben.

Lethargie: Ein niedriges Energieniveau und ein Mangel an motiviertem Verhalten, was häufig bei Depressionen und einer Reihe anderer Erkrankungen auftritt. Es fällt lethargischen Personen schwer, Aktionen zu planen und auszuführen.

Locus of Control: Ein Konstrukt, das verwendet wird, um die grundlegenden motivationalen Orientierungen und Wahrnehmungen von Menschen zu kategorisieren, wie viel Kontrolle sie über ihre Lebensbedingungen haben. Menschen mit einem externen Kontrollort neigen dazu, sich als Reaktion auf äußere Umstände zu verhalten und ihr Leben als Folge von Faktoren wahrzunehmen, die sich ihrer Kontrolle entziehen. Menschen mit einem internen Kontrollort neigen dazu, sich als Reaktion auf interne Zustände und Absichten zu verhalten und ihre Lebensergebnisse als Ergebnis der Ausübung ihrer eigenen Handlungsfähigkeit und Fähigkeiten wahrzunehmen.

Meta-Bewusstsein: Die Welt wird in einer selbst reflektorischen Art und Weise wahrgenommen.

Morbidität: ein pathologischer, kranker Zustand, biologisch oder funktionell.

Mortalität: die Sterberate in einer Population (untersuchten Bevölkerungsgruppe).

Optimismus: Die Einstellung, dass Gutes geschehen wird und die Wünsche oder Ziele der Menschen letztendlich erfüllt werden. Optimisten sind Menschen, die positive Ergebnisse erwarten, sei es zufällig oder durch Ausdauer und Anstrengung. Sie sind zuversichtlich, die gewünschten Ziele zu erreichen. Die meisten Individuen liegen irgendwo im Spektrum zwischen den beiden polaren Gegensätzen von reinem Optimismus und reinem Pessimismus, neigen aber dazu, in bestimmten Situationen den einen oder den anderen Pol stärker zu verfolgen.

Positive Verstärkung: Eine positive Verstärkung, wie ein Lob oder eine Belohnung, findet nach einer Reaktion statt. Folglich erhöht dies die Wahrscheinlichkeit des Auftretens dieser Reaktion, weil diese Reaktion zur Präsentation eines Reizes oder eines Umstands führt.

Prädiktoren: Variablen, die verwendet werden, um zukünftige Ereignisse oder Umstände zu schätzen, vorherzusagen oder zu prognostizieren. Bei der Personalauswahl können beispielsweise Prädiktoren wie Qualifikation, einschlägige Berufserfahrung und berufsspezifische Fähigkeiten (z. B. Computerkenntnisse, Beherrschung einer bestimmten Sprache) verwendet werden, um die zukünftige Arbeitsleistung eines Bewerbers einzuschätzen.

Pränatale Depression: Eine Depression, die während der Schwangerschaft auftritt. Die Symptome können von leicht bis schwer reichen. In seltenen Fällen sind die Symptome so schwerwiegend, dass die Gesundheit von Mutter und Embryo bzw. Neugeborenem gefährdet sein kann.

Querschnittsstudie: Es erfolgt eine einmalige Messung bestimmter Merkmale innerhalb einer Stichprobe.

Resilienz: der Prozess und das Ergebnis einer erfolgreichen Anpassung an schwierige oder herausfordernde Lebenserfahrungen, insbesondere durch mentale, emotionale und Verhaltensflexibilität. Eine Reihe von Faktoren trägt dazu bei, wie gut sich Menschen an Widrigkeiten anpassen, darunter vor allem (a) die Art und Weise, wie Individuen die Welt sehen und mit ihr interagieren, (b) die Verfügbarkeit und Qualität sozialer Ressourcen und (c) spezifische Bewältigungsstrategien.

Selbst: die Gesamtheit des Individuums, bestehend aus allen charakteristischen Eigenschaften, bewusst und unbewusst, mental und physisch. Abgesehen von seinem grundlegenden Bezug auf persönliche Identität, Sein und Erfahrung ist die Verwendung des Begriffs in der Psychologie weitreichend.

Selbstwertgefühl: Die Einschätzung einer Person als wertvoller, fähiger Mensch, der Respekt und Achtung verdient. Positive Selbstwertgefühle gehen in der Regel mit einem hohen Maß an Selbstakzeptanz und Selbstwertgefühl einher.

Selbstwirksamkeit: Die subjektive Wahrnehmung einer Person von ihrer Fähigkeit, in einer bestimmten Umgebung Leistung zu bringen oder gewünschte Ergebnisse zu erzielen.

Stressor: Jedes Ereignis, jede Gewalt oder jeder Zustand, der zu physischem oder emotionalem Stress führt. Stressoren können innere oder äußere Kräfte sein, die Anpassungs- oder Bewältigungsstrategien des Betroffenen erfordern.

Umweltfaktoren: Die Gesamtheit externer Agenten oder Bedingungen – physikalische, biologische, soziale und kulturelle –, die die Funktionen eines Organismus beeinflussen.

Quellenverzeichnis

- Petermann, F. (Hrsg.). (2009). Entspannungsverfahren: das Praxishandbuch (4., vollst. überarb. Aufl.). Weinheim: BeltzPVU.
- Frank, R. (2010). Wohlbefinden fördern. Stuttgart: Klett-Cotta.
- Malinowski, P. (2013). Neural mechanisms of attentional control in mindfulness meditation. Frontiers in Neuroscience, 7. https://doi.org/10.3389/fnins.2013.00008
- Lutz, A., Jha, A. P., Dunne, J. D., & Saron, C. D. (2015). Investigating the phenomenological matrix of mindfulness-related practices from a neurocognitive perspective. American Psychologist, 70(7), 632–658. https://doi.org/10.1037/a0039585
- Vaitl, D., & Petermann, F. (1993). Handbuch der Entspannungsverfahren ; Bd. 1: Grundlagen und Methoden (Bd. 1). Weinheim: Psychologie-Verl.-Union.
- Lutz, A., Slagter, H. A., Dunne, J. D., & Davidson, R. J. (2008). Attention regulation and monitoring in meditation. Trends in Cognitive Sciences, 12(4), 163–169. https://doi.org/10.1016/j.tics.2008.01.005
- Hölzel, B. K., Lazar, S. W., Gard, T., Schuman-Olivier, Z., Vago, D. R., & Ott, U. (2011). How Does Mindfulness Meditation Work? Proposing Mechanisms of Action From a Conceptual and Neural Perspective. Perspectives on Psychological Science, 6(6), 537–559. https://doi.org/10.1177/1745691611419671
- https://dfme-achtsamkeit.de/
- Maren Schneider: Meditiere, aber richtig, in: Ursache/ Wirkung (2020), 9–14.
- https://journals.sagepub.com/doi/10.1177/1073191105283504
- https://www.ratgeber-lifestyle.de/beitraege/lifestyle/konzentrative-und-analytische-meditation.html
- https://www.yogaeasy.de/artikel/anti-stress-yoga-10-uebungen-mit-sofort-effekt
- Hascher, Tina (Hg.) (2004a): Schule positiv erleben. Ergebnisse und Erkenntnisse zum Wohlbefinden von Schülerinnen und Schülern. Bern: Haupt (Schulpädagogik – Fachdidaktik – Lehrerbildung, 10).
- Bandura, A. (1997). Self-efficacy: The exercise of control. New York, NY: Freeman.
- Bandura, A. (1982). Self-efficacy mechanism in human agency. American Psychologist, 122–147. Bandura, A. (1986). Social foundations of thought and action: A social cognitive theory. Englewood Cliffs, NJ: Prentice-Hall.

- Bandura, A. (1977). Self-efficacy: Toward a unifying theory of behavioral change. Psychological Review, 84,191-215
- Gist, M. E. & Mitchell, T. R. (1992). Self-efficacy: A theoretical analysis of its determinants and malleability. The Academy of Management Review, 17(2), 183–211.
- Jerusalem, M. & Hopf, D. (2002). Selbstwirksamkeit und Motivationsprozesse in Bildungsinstitutionen. Weinheim: Beltz, 28–53.
- Jerusalem, M. & Schwarzer, R. (1999). Allgemeine Selbstwirksamkeitserwartung. R. Schwarzer/M. Jerusalem (Hrsg.): Skalen zur Erfassung von Lehrer- und Schülermerkmalen. Berlin: Freie Universität Berlin, 13–14.
- Taylor, M. S.; Locke, E. A.; Lee, C.; Gist, M. E.: Type A behavior and faculty research productivity: What are the mechanisms? Organizational Behavior and Human Performance, 34(3), 1984; S. 402–418.
- Tipton, R. M.; Worthington, E. L.: The measurement of generalized self-efficacy: A study of construct validity. Journal of Personality Assessment, 48(5), 1984, S. 545–548
- Pajares, F. (1997). Current Directions in Self-Efficacy Research. M. Maehr, & P. R. Pintrich (Eds.), Advances in Motivation and Achievement, 10, 1–49. Greenwich, CT: JAI Press.
- https://minddoc.de/magazin/psychische-grundbeduerfnisse/
- Blickhan, D. (2015). Positive Psychologie – Ein Handbuch für die Praxis: Junfermann Verlag, Paderborn.
- Ruch, W. & Proyer, R. (2011). Positive Psychologie: Grundlagen, Forschungsthemen und Anwendungen. Report Fachwissenschaftlicher Teil.
- Burish, T.G., Carey, M. P., Wallston, K.A., Stein, M. J., Jamison, R. N. & Lyles, J. N. (2011). Health Locus of Control and Chronic Disease: An External Orientation May Be Advantageous. Journal of Social and Clinical Psychology, 2.
- https://www.stern.de/gesundheit/schlaf/guter-schlaf--an-diesen-vier-faktoren-erkennen-sie-ihn-7304784.html
- Alex M. Wood, Stephen Joseph, Joanna Lloyd, Samuel Atkins. Gratitude influences sleep through the mechanism of pre-sleep cognitions. In Journal of Psychosomatic Research 66 (2009) 43–48.
- Jackowska et al. The impact of a brief gratitude intervention on subjective well-being, biology and sleep.
- Christin Lang, Serge Brand, Anne Karina Feldmeth, Edith Holsboer-Trachsler,

Uwe Pühse, Markus Gerber. Increased self-reported and objectively assessed physical activity predict sleep quality among adolescents. (2013).

• JUNE J. PILCHER, DOUGLAS R. GINTER and BRIGITTE SADOWSKY. SLEEP QUALITY VERSUS SLEEP QUANTITY: RELATIONSHIPS BETWEEN SLEEP AND MEASURES OF HEALTH, WELL-BEING AND SLEEPINESS IN COLLEGE STUDENTS. In Journal of Psychomatric Research. Vol 42, No. 6 (1997)

• Walter C. Buboltz, Franklin Brown, Barlow Soper. Sleep Habits and Patterns of College Students: A Preliminary Study. In Journal of Amercian College Health, Vol. 50, No. 3 (2001).

• Li, I., Dey, A. and Forlizzi, J. A stage-based model of personal informatics systems. In Proc. CHI 2010, ACM (2010), 557–566.

• Choe, E.K., Consolvo, S., Watson, N.F. and Kientz, J.A. Opportunities for computing technologies to support healthy sleep behaviors. In Proc. CHI 2011, ACM (2011), 3053–3062.

• Kolla, B.P., Mansukhani, S. and Mansukhani, M.P. Consumer sleep tracking devices: a review of mechanisms, validity and utility. Expert Review of Medical Devices 13, 5 (2016), 497–506.

• https://www.aerztezeitung.de/Medizin/Sport-hilft-so-gut-wie-Antidepressivum-280307.html

• Ulla Rahn-Huber (2016). Das Geheimnis der Hundertjährigen von Sardinien. Wie auch Sie mit mediterraner Lebensweise gesund und glücklich alt werden. München: mvg Verlag

• https://www.hohenegg.ch/wp-content/uploads/2018/05/150528_Fast-gleich-wirksam-wie-Psychotherapie-und-Medikamente.pdf

• https://www.biobridges.com/blog/6-side-effects-of-a-positive-mindset/

• https://www.medstarhealth.org/medstar-blog/6-signs-you-should-be-concerned-about-your-mental-health/

• https://www.verywellmind.com/benefits-of-positive-thinking-2794767

• https://www.nytimes.com/2017/03/27/well/live/positive-thinking-may-improve-health-and-extend-life.html

• https://www.cdc.gov/hrqol/wellbeing.htm

• https://centerhealthyminds.org/about/why-well-being

• https://dictionary.apa.org/

- https://www.accountingtools.com/articles/2019/1/5/causal-relationship
- https://flexikon.doccheck.com/
- https://lexikon.stangl.eu/
- https://selfmind.ai/blog/negative-thoughts-are-no-more-with-automatic-thinking/
- https://www.verywellmind.com/how-to-change-negative-thinking-3024843
- https://www.medicalnewstoday.com/articles/toxic-positivity#risks
- https://www.theatlantic.com/health/archive/2012/01/the-power-of-positive-thinking/251500/
- https://today.oregonstate.edu/archives/2009/sep/positive-parenting-can-have-lasting-impact-generations
- https://www.gottman.com/blog/how-a-parents-affection-shapes-a-childs-happiness-for-life/
- https://www.cnbc.com/2018/02/05/stanford-university-study-positivity-makes-kids-smarter.html
- https://www.yalemedicine.org/conditions/how-parental-depression-affects-child
- https://www.forbes.com/sites/alicegwalton/2014/06/03/11-intriguing-reasons-to-give-talk-therapy-a-try/?sh=7988d92f4ebb

Wir danken Ihnen für Ihr Interesse und Ihr Vertrauen. Als Dankeschön dafür, haben wir eine besondere Überraschung. Wir haben ein **exklusives 30-Tage-Tagebuch für mehr Selbstbewusstsein** für Sie. Und dieses erhalten Sie vollkommen kostenlos. Das klingt wunderbar? Dann warten Sie nicht lange und holen Sie sich Ihr Gratis-Geschenk.

Hier geht es zu Ihrem Gratis-Geschenk:

https://forms.gle/1FgoVRPyfmn7Pd7E7

1. **Öffnen Sie die Kamera-App auf Ihrem Smartphone und richten Sie die Kamera auf den QR-Code.**
2. **Klicken Sie auf den Link, der Ihnen angezeigt wird und schon werden Sie zur Website weitergeleitet.**

Impressum

Herausgeber: Pegoa Global Media GmbH / Am Sandtorkai 27 / 20457 Hamburg
Kontakt: kontakt@pegoamedia.de
Coverbild: Shutterstock

Haftungsausschluss:
Die Nutzung dieses Buches und die Umsetzung der enthaltenen Informationen, Anleitungen und Strategien erfolgt auf eigenes Risiko. Der Autor kann für etwaige Schäden jeglicher Art aus keinem Rechtsgrund eine Haftung übernehmen. Haftungsansprüche gegen den Autor für Schäden materieller oder ideeller Art, die durch die Nutzung oder Nichtnutzung der Informationen bzw. durch die Nutzung fehlerhafter und/oder unvollständiger Informationen verursacht wurden, sind grundsätzlich ausgeschlossen. Rechts- und Schadenersatzansprüche sind daher ausgeschlossen. Dieses Werk wurde sorgfältig erarbeitet und niedergeschrieben. Der Autor übernimmt jedoch keinerlei Gewähr für die Aktualität, Vollständigkeit und Qualität der Informationen. Druckfehler und Falschinformationen können nicht vollständig ausgeschlossen werden. Es kann keine juristische Verantwortung sowie Haftung in irgendeiner Form für fehlerhafte Angaben vom Autor übernommen werden. Die bereitgestellten Analysen, Vorschläge, Ideen, Meinungen, Kommentare und Texte sind ausschließlich zur Information bestimmt und können ein individuelles Beratungsgespräch nicht ersetzen. Alle Informationen dieses Buches entsprechen dem Kenntnisstand zum Zeitpunkt des Verfassens dieses Buches. Eine Haftung für mittelbare und unmittelbare Folgen aus den Informationen dieses Buches ist somit ausgeschlossen.
Informieren Sie sich weitläufig aus unterschiedlichen Quellen und bedenken Sie, dass am Ende nur Sie für die Entscheidungen verantwortlich sind.

Haftung für externe Links:
Unser Angebot enthält Links zu externen Websites Dritter, auf deren Inhalte wir keinen Einfluss haben. Deshalb können wir für diese fremden Inhalte auch keine Gewähr übernehmen. Für die Inhalte der verlinkten Seiten ist stets der jeweilige Anbieter oder Betreiber der Seiten verantwortlich. Die verlinkten Seiten wurden zum Zeitpunkt der Verlinkung auf mögliche Rechtsverstöße überprüft. Rechtswidrige Inhalte waren zum Zeit-punkt der Verlinkung nicht erkennbar.